Ciganos
Magias do passado de volta ao presente

Evandro Mendonça

© 2017, Editora Anúbis

Revisão:
Luciane Gomide

Capa e diagramação:
Edinei Gonçalves

Dados Internacionais de Catalogação na Publicação (CIP)
(Câmara Brasileira do Livro, SP, Brasil)

Mendonça, Evandro
　Ciganos: magias do passado de volta ao presente / Evandro Mendonça. – São Paulo, SP: Anúbis, 2017.

　ISBN 978-85-86453-21-2

　1. Encantamentos ciganos 2. Ciganos – Rituais 3. Magia cigana 4. Ocultismo I. Título.

10-00844　　　　　　　　　　　　　　　　　　CDD-133.44

Índices para catálogo sistemático:
1. Rituais ciganos : Ocultismo　133.44

São Paulo/SP – República Federativa do Brasil
Printed in Brazil – Impresso no Brasil

Este livro segue as novas regras do Acordo Ortográfico da Língua Portuguesa.

Os direitos de reprodução desta obra pertencem à Editora Anúbis. Portanto, não é permitida a reprodução total ou parcial desta obra, de qualquer forma ou por qualquer meio eletrônico, mecânico, inclusive por meio de processos xerográficos, incluindo ainda o uso da internet, sem a permissão expressa por escrito da Editora (Lei nº 9.610, de 19.2.98).

Distribuição exclusiva
Aquaroli Books
Rua Curupá, 801 – Vila Formosa – São Paulo/SP
CEP 03355-010 – Tel.: (11) 2673-3599
atendimento@aquarolibooks.com.br
Impressão e acabamento: Mark Press Brasil

Magia – A arte de fazer acontecer

Há magias astrológicas, lunares, solares, elementares, espirituais, telúricas, aquáticas, ígneas, eólicas, minerais, vegetais etc.

Magia é o ato de ativar ou desativar forças invisíveis da natureza, usando e manipulando a força mental que o ser humano possui.

Magia é também um fenômeno social e universal. Todas as culturas antigas possuem rituais mágicos. Em qualquer lugar, em qualquer época, sempre houve e sempre haverá magia. O Homem é fundamentalmente um ser mágico. Carrega dentro de si um enorme potencial mágico.

Em todas as partes do mundo ela é idêntica.

Para a magia, saber é poder.

Sumário

Bandeira Cigana 9
Hino dos Ciganos 11
Dedicatória 13
Palavras do Autor 15
Introdução 17
Falar sobre os Ciganos 19
Orações Ciganas 23
Santa Sara 33
Quirologia e Quiromancia 45
A Leitura das Cartas Ciganas 47
As Quatro Fases da Lua 51
Horóscopo Cigano 55
Incensos 67
Essências 75
Banhos de descarga 81
Defumações 107
Rituais, trabalhos, magias, oferendas e encantamentos 121
Simpatias contra Olho Gordo 159
Símbolos Sagrados e materiais que podem ser usados em
    oferendas 161
Alguns nomes de Ciganos 165
Recomendações Finais 169

Bandeira Cigana

A Bandeira foi instituída pela International Gypsy Committee Organized, como símbolo internacional de todos os ciganos do mundo no ano de 1971. Isso se deu no First World Romani Congress (1º congresso mundial cigano), realizado em Londres.

Seu significado

A roda vermelha no centro simboliza a vida, representa o caminho a percorrer e o já percorrido. A tradição como continuísmo eterno se sobrepõe ao azul e ao verde, com seus aros representando a força do fogo, da transformação e do movimento.

O azul

Representa os valores espirituais, a paz, a ligação do consciente com os mundos superiores, significando a libertação e a liberdade.

O verde

Representa a mãe natureza, a terra, o mundo orgânico (subterrâneo), a força e a luz do crescimento vinculado com as matas, com os caminhos desbravados e abertos pelos ciganos. Representa o sentimento de gratidão e respeito pela terra, pelo que ela nos oferece e de preservação pela natureza. Simboliza também a relação de respeito à sobrevivência do homem e ao que da terra o homem retira.

Hino dos Ciganos

LEVANTEM-SE OS CIGANOS!
Viajei ao longo de muitas estradas
e encontrei ciganos felizes.
Oh, ciganos, digam-me de onde vêm.
Com suas tendas, nestas estradas do destino?
Oh, ciganos! Oh, jovens ciganos!
Eu também tinha uma grande família,
mas a Legião Negra a exterminou;
venham comigo, ciganos do mundo inteiro.
Percorreremos novas estradas!
É hora, levantemo-nos!
É chegado o momento de agir!
Oh, ciganos! Oh, jovens ciganos!

Dedicatória

Dedico a obra às minhas filhas. Especialmente à caçula Ciganinha Ariane, que em 08/04/2009 juntou-se novamente a nós aqui na Terra.

Créditos

Repasso os créditos deste trabalho aos grandes escritores de obras ciganas, nas quais foram feitas um grande estudo a fim de somar a esta compilação de dados.

E, ao leitor, meus sinceros agradecimentos.

Palavras do Autor

Irmãos, ao escrever esta obra, o meu objetivo foi a de torná-la o mais compreensível possível. Para isso, utilizei-me de uma linguagem simples, de fácil compreensão. Tudo que eu puder dizer em uma palavra, eu não direi em duas ou três. A obra deve alcançar pessoas leigas no assunto e as que residam em locais que não tenham uma boa tenda ou um núcleo cigano. Ou para as pessoas que, por algum motivo, não possam recorrer a um bom médium.

Aos conhecedores da cultura cigana eu quero dizer que se fosse minha intenção escrever uma obra científica e mais desenvolvida eu teria muito a dizer sobre Magia e rituais praticados na cultura cigana. Entretanto, isso não está no objetivo do livro. O que apresento ao leitor é um trabalho prático com fórmulas úteis praticadas por pessoas que cultuam o povo cigano.

Na magia, como em todo preceito espiritual e ritual cigano, para que cada um de nós tenha um bom êxito e consiga o que deseja, é fundamental que tenhamos fé, confiança e convicção. E, naturalmente, confiança nas forças que o executam. Para isso, é fundamental que o homem acredite nas possibilidades das coisas que quer executar.

O difícil é julgar possível qualquer coisa, querer executá-la. Não podemos querer algo que julgamos impossível.

Quantos têm tido vontade de fazer tantas coisas e não têm conseguido?! Por quê? Porque falta crer nas possibilidades.

Nas páginas seguintes apresentarei fórmulas e preceitos ciganos para o bem e a felicidade de todos. Estou certo de que as pessoas que se utilizarem deles com fé, confiança e convicção, terão um bom êxito. A Magia está dentro de nós. E também dentro das leis da natureza e do povo cigano.

Aproveito para advertir que os banhos, defumações, rituais, trabalhos, magias, oferendas e encantamentos que expuser não são brinquedos para criança. Devem ser feitas com fé, amor, confiança e respeito. Caso contrário, não haverá bons resultados.

Agradeço ao meu babalorixá Miguel de Oiá pela grandiosidade dos seus fundamentos e o bom axé que me passou. Ao meu Orixá Xangô Aganjú, às minhas entidades, guias e protetores Ogum da Lua, São Cipriano e Exu Marabô. E, especialmente ao povo Cigano, que muito me fortaleceu à escrita desta obra.

A obra contém um pouco do que eu vi, escutei, aprendi. Quero dizer que esta compilação de dados, que é base do trabalho, só tem o intuito de somar. E que, apesar de não ser um grande intelectual no assunto, também possuo um espírito cigano.

Aos meus futuros lançamentos, comprometo-me com as entidades que deixarei o meu conhecimento sobre Exus, Caboclos, Pretos-velhos, Orixás e Ciganos. E peço que as entidades se encarreguem de fazê-los chegar às mãos de futuros médiuns, caciques, babalorixás etc. E, por fim, que os mesmos deem segmento aos lindos cultos que, em geral, podemos chamar de culto à natureza.

Axé!

Introdução

É uma honra passar este trabalho referente a banhos, defumações, rituais, magias, oferendas e encantamento ciganos. A prática de cada item pode se dar por leigos, iniciantes ou médiuns de qualquer religião. As fórmulas apresentadas são universais e podem ser praticadas em qualquer estado ou país, modificando-se apenas alguns itens, números ou cores. Elas também podem ser praticadas por pessoas dos mais diversos segmentos religiosos. Desde que haja fé, confiança e convicção.

As regras citadas devem ser levadas a sério. Só assim trarão paz, saúde, felicidade, dinheiro, amor, energia etc.

É ideal que você leia e releia este livro quantas vezes forem necessárias. E que seja prestada atenção nas recomendações finais. É com sua fé e dedicação que alcançará os seus objetivos.

Todos os banhos, defumações, trabalhos, magias, oferendas e encantamentos contidos neste livro são eficazes. No entanto, dependem muito do sacrifício, fé e merecimento de cada um. Caso faça alguma das fórmulas e não tenha um resultado, não desista. Continue tentando. A cada nova tentativa deposite mais fé e convicção.

Sugiro que considere este escrito como um tratamento espiritual. E, a cada problema que queira resolver, associe três dos itens mais ou menos parecidos para ter um melhor resultado.

Ex.: se o problema for dinheiro, faça primeiro um banho para obtê-lo. Depois, uma defumação. Por fim, uma fórmula de sua escolha direcionada ao mesmo.

Só assim fará um verdadeiro tratamento espiritual. Ao concluí-lo, com certeza conseguirá o que deseja.

Todos os ensinamentos só trarão um bom resultado se forem usados por pessoas honestas e por uma boa causa. Caso contrário, eles não terão efeito algum. Nenhuma entidade admitirá que a desonestidade se espalhe entre os irmãos.

E para quem se utilizar do livro e obtiver bons resultados, sugiro que procure uma pessoa apta na cultura cigana, que faça os devidos rituais.

É dando que se recebe. Se você recebeu esse dom antes de doar, está na hora de se aperfeiçoar e dividi-lo com outros. Você se sentirá bem melhor. Acredite.

Falar sobre os Ciganos

O povo cigano é um povo milenar. Quanto mais procuramos saber sobre suas origens, crenças, festas, rituais, modo de viver, mais revelações temos. Principalmente, com a sua introdução na Umbanda, que assim como os ciganos, cultuam as forças da natureza, os elementos naturais contidos nas frutas, nas ervas, nas águas, nos ventos, no fogo, na terra, nas forças do nascer e do pôr-do-sol, nas quatro fases da lua, nos incensos, nas velas, nos cristais, nas cores, nos metais, nas estrelas etc.

Acredita-se que existam inúmeros grupos espalhados pelo mundo. Alguns chamados de Horahanês, Rodabanos, Pecos, Sinti, Karlderashe, Matchuias, Roms, Kalons etc. Alguns que usam dialetos com o nome de Kaló, Kalé, Romage, Romanês, Romani, Catalão etc. A maioria dos grupos, ou subgrupos, como são chamados por muitos, possuem uma boa situação financeira. Os grupos vivem como gostam, viajam muito, mudam a moradia, sempre com muita festa e muita fartura. O povo cigano possui muitas jóias, pedras valiosas, ouro, metais preciosos, o que favorece a sua situação financeira. São grandes negociadores. Compram, vendem, trocam. Também são muito desconfiados. Tanto é que foram eles que trouxeram a nota promissória para o Brasil.

Muitos descendentes de ciganos ou pessoas que os cultuam, seja na Umbanda, com assentamento, ou até fora dela, tem boa chance de se darem bem na vida. São pessoas ligeiras, decididas, trabalhadoras, espertas. Possuem a proteção de seus ancestrais através de sua descendência sanguínea ou pela fé nos rituais oferecidos aos espíritos.

A vinda do povo cigano à Umbanda só veio a somar, tornando-se uma das sete linhas de Umbanda. Trouxe as suas forças e os seus rituais. Com isso, aumentou o número de frequentadores e médiuns nos terreiros.

O dia a dia do povo cigano é muito movimentado. Alguns homens são marceneiros ou ferreiros. São encarregados pelo zelo do acampamento. Outros são comerciantes e saem à rua para fazer negócios. Algumas mulheres são encarregadas do acampamento. Outras de ensinar a tradição às filhas mais novas, como, por exemplo, a leitura das mãos e das cartas. Logo cedo estão nas ruas, junto às mais velhas, ganhando a vida lendo a sorte das pessoas. Muitas vezes até indicando um tipo de ritual a fim da melhoria de uma pessoa. Geralmente, esse rito é feito no acampamento por uma cigana ou um cigano com mais experiência no assunto. Por andarem pelo mundo, os ciganos aprenderam muitos oráculos como: quiromancia, ceromancia, leitura da borra do café, bola de cristal, leitura das cartas e outros. Portanto, povo cigano não significa religião.

Cigano é uma raça, uma etnia. Para o cigano, o céu é o seu teto, a terra é a sua pátria e a liberdade é a sua religião. Por isso, existe cigano na religião católica, na Umbanda, no budismo, nas igrejas evangélicas etc. Todos com um ponto em comum, que é considerar a Santa Sara como sua legítima padroeira e cultuá-la com todas as regalias possíveis.

Existem, na cultura familiar do cigano, alguns pontos diferenciados em relação às outras culturas. Um deles, é que entre os ciganos a figura paterna tem papel de destaque. Cabe ao pai a decisão final sobre qualquer atitude dos filhos. É ele quem supervisiona a educação que a mãe dá. É também o pai que se encarrega de ensinar aos meninos as técnicas de comércio, a forma milenar de sobrevivência do seu povo.

Numa cultura que valoriza a tradição oral, o pai tem o dever de passar para sua descendência os conhecimentos adquiridos nas gerações passadas, como tocar instrumentos musicais acordeão, violão, violino, fazer artesanatos de cobre e falar a língua de seu povo. Também é o pai que decide sobre o casamento dos filhos. Namoro? Nem pensar. Os pais da noiva e do noivo se reúnem para definir o dote pago pela família do futuro marido.

O poder do pai sobre os filhos só acaba se o casamento for desfeito. Em tal situação, o pai não verá os filhos pelos próximos dez anos. O fim do casamento representa o fim da paternidade. E, se a cigana separada se afastar do grupo e se prostituir, ele irá atrás, a encontrará e ela não sobreviverá.

Na cultura cigana, qualquer motivo é sempre um motivo de festa e de alegria. Os ciganos adoram comemorar a noite ao ar livre, com muita comida, bebida, fogueira, música. E com muita dança. Com essas comemorações, acreditam atrair somente coisas boas.

Portanto, a quem deseja atrair para si tais energias poderosas dos ciganos, não esquecer de oferendar com muitas frutas, flores, perfumes, lenços coloridos, pulseiras, brincos, moedas, vinho de boa qualidade, churrasco de leitão e peru, velas perfumadas etc. Caso não conheça um assentamento de ciganos, procure levar sempre num campo aberto, na estrada ou numa chapada.

Nunca ofereça sangue de animais no assentamento cigano ou em qualquer tipo de oferenda. O sangue é usado para imantar e fixar um assentamento, um pedido ou um desejo qualquer. E o povo cigano não gosta de se fixar num lugar só. Acham que espírito cigano tem que ser como o vento, livre para irem aonde quiserem, na hora que quiserem. E, se você fixar um espírito cigano num único lugar, ele não ficará satisfeito. Com isso, não o ajudará a ir ao lugar certo na hora certa. Isso diminui a sua chance de progredir na vida.

Quando falo em assentamento cigano, falo de um altar ou um barraco representativo do povo cigano. Ou do casal de ciganos que você pode ter em casa na forma de metal ou imagem, junto naturalmente, a alguns utensílios ciganos. E pode ser dentro ou fora de casa. Dentro de casa, num lugar aberto, perto de alguma porta. Ou, do lado de fora, no tempo.

Caso opte pelo lado de fora, o altar pode ser feito em forma de uma peça simples e natural. Ou em forma de barracão, usando bastante a natureza. A decoração e os enfeites ficam ao critério de cada um. Lá cada um poderá cultuá-lo, oferecendo as oferendas e fazendo pedidos.

Por fim, num assentamento cigano podem ser feitas oferendas em agrado ao povo cigano, ou ao cigano de sua preferência. Com velas, frutas, bebidas, flores etc.

Orações Ciganas

Oração a Santa Sara Kali

Tu que és a única santa cigana do mundo,
tu que sofrestes todas as formas de humilhação e preconceito,
tu que fostes amedrontada
e jogada ao mar para que morresses de sede e de fome,
tu que sabes o que é o medo, a fome, a mágoa e a dor no coração,
não permita que os meus inimigos zombem de mim
ou me maltratem.

Que tu sejas minha advogada diante de Deus,
que tu me concedas sorte e saúde,
e que abençoes a minha vida.

Amém!

Oração a Virgem Sara

Farol do meu caminho!
Facha de luz!
Paz! Amor! Hino de alegria!

Abertura dos meus caminhos!
Harmonia!

Livra-me dos cortes. Afasta-me das pedras!
Dai-me sorte!
Faz minha vida um hino de alegria!
E aos meus pés te coloco.

Minha Sara, Minha Virgem Cigana:
toma-me como oferenda
e me faz de flor profana.

O mais puro lírio que orna e traz
bons presságios à tenda.

Salve! Salve! Salve!

Oração a Santa Sara

Santa Sara, pelas forças das águas. Santa Sara, com seus mistérios, possa estar sempre ao meu lado pela força da natureza.

Nós, filhos dos ventos, das estrelas e da Lua cheia, pedimos à senhora que esteja sempre ao nosso lado. Pela figa, pela estrela de cinco pontas, pelos cristais que hão de brilhar sempre em nossas vidas. E que os inimigos nunca nos enxerguem, como a uma noite escura, sem estrelas e sem luar.

A Tsara é o descanso do dia a dia e a Tsara é a nossa tenda. Santa Sara me abençoe. Santa Sara me acompanhe. Santa Sara, ilumine minha Tsara para que a todos que batam à minha porta eu tenha sempre uma palavra de amor e de carinho. Que eu nunca seja uma pessoa orgulhosa. Que eu sempre seja a mesma pessoa humilde.

Oração Cigana do Amanhecer

Salve o Sol, a Natureza, o Orvalho da Manhã! Salve Deus todo Poderoso, que me dá a felicidade de tomar a benção a toda Natureza. Salve o Vento, o Sol, a Chuva, as Nuvens, as Estrelas e a Lua!

Salve as forças das Águas, a Terra, a Areia e o Solo Fértil! Que belo seja seu remédio! O pão que parto a mesa, seja multiplicado!

O trigo que carrego comigo, seja minha prosperidade. O Universo me abrace.

E que os quatro elementos: Terra, Água, Fogo e Ar, me deem as forças necessárias para todas as dificuldades da vida. Que meus caminhos sejam abertos, hoje e sempre. Com toda a pureza dos Elementais e dos Anjos Mensageiros de Deus.

Amém!

Oração a Santa Sara Kali

Mãe e querida Sara Kali, que em vida atravessastes os mares, e com vossa fé levastes à vida novamente todos que contigo estavam. Vós que Divina e Santa sois; amada e cultuada por todos nós, mãe de todos os ciganos e do nosso povo, senhora do amor e da misericórdia, protetora dos Rom. Vós que conhecestes o preconceito e a diferença. Vós que conhecestes a maldade, muitas vezes dentro do coraçao humano, Olhai por nós.

Derramai sobre vossos filhos, vosso amor, vossa Luz e vossa paz. Dai-nos vossa proteção para que nossos caminhos sejam repletos de prosperidade e saúde. Carregai-nos com vossas mãos e protegeis a nossa liberdade, as nossas famílias e colocais no homem mais fraternidade. Derramai vossa Luz nas vossas filhas, para que possam gerar a continuação livre do nosso povo.

Olhai por nós em nossos momentos de dificuldade e sofrimento. Acalmai nossos corações nos momentos de fúria. Guardai-nos do mau e dos nossos inimigos. E derramais em nossas cabeças vossa Paz, para que em paz possamos viver. Abençoai-nos com Teu amor, Santa Sara Kali. Que ao Pai celestial possas levar nossas orações e abrandar nossos caminhos.

Que Vossa Luz possa sempre aumentar no seu amor, misericórdia e no Pai. E que assim sejas louvada para todo o Sempre.

Oração Cigana

Abençoa senhor, o nosso povo oprimido, sofrido, perseguido. Não permitas, porém, que fiquemos divididos. Afasta de nós o orgulho pelo muito que de ti nos foi concedido. Não permitas que sejamos tão usados nessa febre de esoterismo em que o mundo se vê mergulhado, onde o ser humano não conhece o outro como seu irmão.

Somos livres em nossas caminhadas. Nada queremos além de nossa estrada. Sempre sofremos, sorrindo sem mentiras. Foste tu que nos destes a liberdade de caminhar por toda a eternidade.

Clamor Cigano

Me dá uma saudade danada
da barraca iluminada pela luz do lampião.

E quando chega a madrugada
da lua que nos vem trazer o seu clarão,
da poeira da estrada,
que levanta da carroça do meu rom.

Do rapa das nossas brodies,
da taça de vinho, ainda no chão,

dos panos coloridos,
que envolvem nossos sonhos
e a nossa ilusão.

Me dá uma angústia terrível
quando sinto invadida a nossa privacidade
pela curiosidade do gadjon.

Nossas crianças, hoje, brincando livres,
que futuro amanhã terão?

Somos livres, sem leis que nos agrilhoem
mas, com muito coração.

Nossa pátria é qualquer chão.
Liberdade – nosso traço de união.

Dançamos, choramos e brincamos,
mas não nos querem deixar viver como ciganos.

Nada temos que aprender e muito, sim, para ensinar,
pois desde o tempo do Deus-Homem
seguimos o exemplo, que foi sempre caminhar!

Oração a Santa Sarah Kali

Sarah, Sarah, Sarah, fostes escrava de José de Arimatéia, no mar fostes abandonada (pedir para que nada nos abandone: amor, dinheiro, felicidade, saúde). Teus milagres no mar se sucederam. Como Santa te tornou, à beira do mar chegastes e os ciganos te acolheram.

Sarah, Rainha Mãe dos ciganos, a quem ajudastes. A ti eles consagraram como sua protetora e Mãe, vinda das águas. Sarah, mãe dos aflitos, eu imploro proteção para meu corpo, luz para os meus olhos enxergarem até no escuro (pedir forças para os seus olhos, violência), luz para o meu espírito e amor para todos os meus irmãos: brancos, negros, mulatos, a todos os que me cercam.

Aos pés de Maria Santíssima, tu, Sarah, me colocarás e a todos os que me cercam, para que possamos vencer as agruras que a terra nos oferece. Sarah, Sarah, Sarah, não sentirei dores nem tremores, espíritos perdidos não me encontrarão. Assim como conseguistes o milagre do mar, a todos os que me desejarem mal, tu, com as águas, me fará vencer (quando a pessoas não estão bem, querendo resolver algo muito importante, beber três goles de água).

Sarah, Sarah, Sarah, não sentirei dores nem tremores. Continuarei caminhando sem parar. Assim como as caravanas passam no meu interior, tudo passará e a união comigo ficará. Sentirei o perfume das caravanas que passam, deixando o rastro de alegria e felicidade. Teu ensinamento deixará. Ama-os, Sarah, para que eu possa ajudar todos os que me procuram. Serei alegre e compreensivo (a) com todos os que me cercam.

Corre no céu, corre na terra, corre no mundo e Sarah, Sarah, Sarah, estará sempre à minha frente. Assim como os ciganos pedem, "Sarah", fique sempre na minha frente, sempre atrás, do lado esquerdo, do lado direito. E assim dizemos: somos protegidos pelos ciganos e pela Sarah, que me ensinará a caminhar e perdoar.

Oração de Santa Sara

Santa Sara minha protetora,
cubra-me com seu manto celestial.

Afaste as negatividades que porventura estejam querendo me atingir.

Santa Sara... protetora dos ciganos, sempre que estivermos nas estradas do mundo, proteja-nos e ilumine nossas caminhadas.

Santa Sara, pela força dos ventos, das estrelas, da Lua Cheia e do Pai-Sol, pedimos a sua proteção contra os inimigos.

Santa Sara, ilumine nossas vidas com seu poder celestial, para que tenhamos um presente e um futuro tão brilhantes, como são os brilhos dos cristais.

Santa Sara, ajude os necessitados. Dê luz para as pessoas que vivem na escuridão. Saúde para os que estão enfermos. Arrependimento para os culpados. E, paz para os intranquilos.

Santa Sara... que o seu raio de paz, de saúde e de amor possa entrar em cada lar.

Santa Sara, dê esperança de dias melhores para essa humanidade tão sofrida.

Santa Sara milagrosa, protetora do povo cigano, abençoe a todos nós, que somos filhos do mesmo Deus.

Oração à padroeira dos ciganos

Santa Sara é a luz que ilumina nossos caminhos; é a virgem.

Que aquele que tem no coração amor e fé encontre a solução dos seus problemas.

Santa Sara... que com tua força e sabedoria possamos alcançar os nossos objetivos.

Ilumina me com teus poderes celestiais.

Que eu possa, neste momento, sentir a tua presença.

Que, com a força da natureza, com a força positiva dos espíritos ciganos, junto com a Santa Sara, possamos concretizar os nossos objetivos.

Que com a força do sol, com a força da Lua, com a força do fogo, com os poderes da mãe terra, nesta hora possamos sentir a tua presença abençoada a todos os que necessitamos da tua ajuda.

Oração a Santa Sara Kali

Eu te agradeço, Santa Sara mãe protetora, que estás sempre ao meu lado, por todas as alegrias de minha vida, por eu ser uma pessoa tão feliz diante da misericórdia de Deus.

Peço-te que, pelas forças das águas, pelo brilho dos cristais, conserve em mim toda a alegria que sinto por ser tua protegida. E, permitas, com tua proteção, que eu ajude a todos que me procurarem com uma palavra de amor e de carinho.

Que eu nunca seja ambiciosa ou vaidosa por receber de ti carinho e fé que me faz forte e capaz de ajudar os que precisam. E que eu nunca deixe de ajudar os menos favorecidos, ensinando que pela fé tudo se consegue dentro do merecimento de cada um.

Estás sempre ao meu lado, Santa Sara guia-me, amparando-me com tua grandeza. Que o brilho das estrelas e da lua possa iluminar os meus caminhos, a minha vida e a vida daqueles que em ti confiam.

Que o calor do sol aqueça todos os corações com amor. E que sejamos todos abençoados e iluminados com a luz do teu doce semblante. Amém.

Salve, Santa Sara Kali!

Orações Ciganas

Reza a Grande Lua
oh, Lua.

Grande mãe da fertilidade,
que reges as marés.

A vida e a Lua da grande noite,
fazes de mim e da minha gente,
agente de Deus.

Na força do Bispo de Cartago,
de Julião e de Catarina a velha,
que eu tenha a bondade para
conseguir o que desejo.

Oração aos Ciganos Kalons

Oh, Deus perfeito,
assim como vestes o campo de flores,
assim vistas o nosso corpo.
Assim como alimentas a Terra,
alimentais nossas vidas.
Assim como és o Senhor da Vida e da Morte,
guia-nos em nossa trajetória e em nossos passos.
Abençoai o nosso Povo,
Oh Grande Barô
Salve o Povo Cigano!
Salve o Povo Cigano!
Salve o Povo Cigano!

Oração ao Rei Cigano

Oh! Poderoso Grande Rei Cigano, que nessa hora venho saudar.

Saúdo as ondas do mar... Saúdo todas as tribos ciganas que, nesta hora estou a invocar.

Pedindo licença ao teu povo para trabalhar.

Saúdo as montanhas, os vales, as gotas de orvalho e também as areias. Teu povo dança feliz invocando a vida e a beleza. Nas suas músicas há graça do bailar livre em liberdade a sonhar.

Teus tesouros são infinitos. Nenhum preço pode pagar o valor da liberdade, dos pés descalços a caminhar.

Tuas jóias têm o brilho mais caro.

Teus homens ciganos põem as mãos ao peito para seu talismã esquentar. Tuas mulheres abanam seus leques para os maus espíritos afugentar.

Tuas fogueiras possuem as salamandras mais altas, que nos olhos do teu povo sabem brilhar.

Aquece-nos agora Oh, Grande Rei para que essa oração não possa acabar enquanto um cigano olhando ao céu orar.

Oração do Amor

Salve a Rainha Cigana do Povo do Oriente! Salve todas as forças da natureza: o fogo, a água, o ar e a terra. Salve toda semente que brota no seio da terra, as flores e os frutos benditos. Salve o calor do Sol e a luz mágica da Lua. Em nome de todas essas energias poderosas, rogo com toda humildade para que o cigano (veja qual é o seu cigano protetor) ilumine os caminhos de (fulano) no trabalho, no amor e na saúde. Rogo ao cigano (...) que leve a minha imagem, o meu amor, o meu nome e o meu coração ao coração de (fulano). Cigano (...) não permita que (fulano) se afaste de mim. Faça com que o nosso amor floresça, que dê frutos, que brilhe como o sol e seja poderoso e encantador, como a mágica luz da Lua. Que a magia do povo cigano, com toda força do bem, afaste de nós dois toda a maldade e toda inveja e nos una dentro do círculo dourado da paz, da harmonia e da felicidade de um amor eterno. Eu (fulana) agradeço de coração a Rainha Cigana do Povo do Oriente e a todas as forças da natureza.

Santa Sara

Mãe, irmã, padroeira e rainha de todos os ciganos do mundo, Santa Sara ganhou o coração dos brasileiros.

Santa Sara é mãe, rainha e padroeira de todos os ciganos do mundo. Seu santuário está localizado na Igreja de Notre de La Mer, na cidade provençal de Saintes-de-la-Mer, Sul da França, numa cripta, localizada sob o altar-mor da igreja-fortaleza. A imagem da virgem Negra tem os braços estendidos ao longo do corpo e já foi substituída algumas vezes. Todos os anos, ciganos de todas as partes do mundo peregrinam até a pequena cidade, às margens do Mar Mediterrâneo, para louvar a virgem Sara, numa festa emocionante. Conheça o poder da Santa Sara e uma oração autêntica rezada em seu santuário francês para evocá-la.

A virgem negra dos ciganos

A história sagrada

Conta uma história sagrada que pelo menos aos 44 e 45 de nossa Era, Herodes Agrippa perseguiu e condenou um grupo de amigos de Jesus à morte. Em cumprimento da sentença, o grupo de cristãos foi levado ao mar da Palestina e colocado numa barca sem remos, sem previsões e sem água. Esta frágil embarcação vinda da terra

Santa chegou milagrosamente ao sul da atual França, exatamente no campo romano chamado "L'opidum Râ".

Na pequena barca chegaram Maria Salomé, mãe do apóstolo Tiago, o maior; Maria Jacobé, prima da virgem Maria e mãe do apóstolo João; Lázaro e suas irmãs Marta e Maria Madalena, Maximino, Sidônio, o cego de Jericó e virgem Sara Kali, a escrava negra de Maria Jacobé e Maria Salomé.

Conta uma tradição que a serva Sara se juntou os cristãos espontaneamente, pois ela não havia sido condenada, ainda que tivesse se tornado cristã.

Quando a barca avançava mar adentro, Sara suplicou que a levassem. Um milagre a fez chegar até o barco: sobre o manto que Maria Salomé atirou sobre as águas para auxiliá-la, Sara caminhou e alcançou a barca. Muitas outras histórias são contadas sobre a origem da Santa Sara. Uma delas diz que Sara era uma abadessa egípcia, moradora de Camargue, que se apiedou dos santos e ajudou-os a construir o primeiro oratório da região. Outras dizem que Sara era uma sacerdotisa celta. Também dizem que ela era uma rainha negra de grande poder.

Tantas versões são explicadas pelo número de colônias das antigas civilizações fenícia, grega, celta e egípcia que até os dias do hoje existem em Camargue. Assim poetas e escritores passam adiante a história que ouviram de seu próprio povo, eternizando o mistério que envolve Santa Sara e amor dos ciganos por sua verdadeira rainha.

Os mistérios santos

Todo o dia 24 de maio uma grande multidão de ciganos de todas as partes do mundo se reúnem na cidadezinha francesa de Saintes-Maries-de-la Mer, às margens do Mediterrâneo, para louvar sua rainha protetora.

Sara, a negra ou a Kali, é levada pelas ruas da cidade, coberta de mantos de diversas cores, ao som dos violinos e das alegres músicas ciganas. Com ela, chegam ao mar e entram na água para recordar a história.

Os mantos de Santa Sara escondem a sua verdadeira forma. As mãos livres estendidas para frente lembram que ela está sempre disposta a amparar-nos. Tem um vestido azulado que se abre e se funde com a água do mar. Como se tivesse caminhando sobre as águas.

Oferecer um manto a Santa Sara faz parte de seu culto. Os mantos são para agradecer uma graça alcançada e os ciganos relacionam as cores aos benefícios de cada uma delas. Conheça você também esta relação mística das cores dos principais mantos de Virgem Sara.

Branco: Paz de espírito. Casamento, agradecimento.
Azul: Proteção, luz espiritual, poder intuitivo, filhos.
Rosa: Amor, compaixão, maternidade.
Verde: Saúde, agradecimento por bens adquiridos, vitalidade.
Lilás: Caminho, amor correspondido.
Púrpura: Agradecimento por prestígio e vantagem profissional.
Amarelo ou dourado: Louvores, agradecimento por vitórias alcançadas.
Prateado: Para atrair benefícios através dos anjos e santos.

Tradição oral

Entre os ciganos, a figura paterna tem papel de destaque. Cabe ao pai a decisão final sobre qualquer atitude dos filhos. É ele quem supervisiona a educação que a mãe dá as crianças. É também o pai quem se encarrega de ensinar aos meninos as técnicas do comércio, forma milenar de sobrevivência dos ciganos. Numa cultura que valoriza a tradição oral, o pai tem o dever de passar os conhecimentos adquiridos nas gerações passadas, como tocar instrumentos musicais (acordeão, violão e violino), fazer artesanato de cobre e falar a língua de seu povo, o romanês.

Também é ele quem decide sobre o casamento dos filhos. Namoro? Nem pensar. Os pais da noiva e do noivo se reúnem para definir o dote pago pela família do futuro marido.

O poder do pai sobre os filhos só acaba em caso de casamento desfeito. Nessa situação, o pai não pode mais ver os filhos pelos próximos dez anos. O fim do casamento representa o fim da paternidade.

As crianças representam a maior alegria dos ciganos (Elas são a garantia do futuro. A certeza das tradições eternas)

As crianças ao nascerem viram o alvo dos cuidados, o centro das atenções de toda a família e do clã. Ganham três nomes diferentes: um civil, nome conhecido pelos ciganos, um apelido, que pode ser engraçado, ou que tenha a ver com qualquer particularidade sua. É com este nome que a criança será conhecida pelo clã de origem. Por fim um nome será dado em segredo, pela mãe, com quem esteve em intimidade toda a gestação.

A apresentação do recém nascido à primeira Lua Cheia após o seu nascimento é uma das tradições mais populares entre os ciganos brasileiros. Principalmente aos que vivem no interior do país. Para atrair boa sorte e proteção a criança é erguida em direção à Lua pela avó e pela madrinha. Uma delas cita as palavras:

"Lua, lua, luar, toma teu andar. Leva esta criança e me ajuda a criar. Depois de criada torna a me dar."

Esse ritual é tão poderoso que até hoje, em muitas famílias, independente de cultura, religião, cor, raça etc. se pratica. Quando nasce uma criança na Lua Minguante, Nova ou Crescente, não se deixa ver as fraldas (usadas) nem a criança, até vir a Lua Cheia.

E quando for Lua Cheia, os pais pegam a criança à noite, erguem-na mostrando a lua e dizendo:

"Lua, luar, te apresento meu filho (a) (nome da criança), me ajuda a criar." Recite três vezes.

A partir desse dia a mãe não precisa mais ter o cuidado de esconder da Lua as fraldas (usadas) e a criança. Certamente essa criança terá sorte na vida. Isso são coisas muito antigas.

Dizia uma velha cigana:

"Meus filhos, quando estiverem doentes do corpo ou do espírito, procurem não usar remédio. Primeiro usem o poder das plantas, das folhas, das ervas, das raízes, dos perfumes, da terra, do ar, do fogo, da água, do sol, da lua, da mente etc. Remédio não cura, remedeia. Se remédio curasse, não se chamaria remédio e sim curédio."

O batismo é sagrado para os ciganos

Para o povo cigano a criança é o recomeço e a continuação da raça, a certeza de que suas tradições não se perderão no vento. Assim que nascem são tratadas com mimo, sem que a mãe deixe de mostrar limites das coisas. É também a mãe quem cuidará da sua educação pessoalmente, fazendo com que a criança possa aproveitar ao máximo o período da infância. Que é quando desfruta mais intensamente da companhia das fadas, dos anjos e dos personagens oníricos, com quem convive diariamente.

Quando nasce um cigano sua avó oferece o pão das três fadas. Isso serve para que o recém nascido tenha sorte, saúde e prosperidade. A criança é então banhada numa pequena banheira ou num tacho, numa mistura de água natural, vinho, flores, metais, ervas e perfumes. Estes ingredientes e o próprio ritual do banho do recém nascido apresentam algumas variações de clã para clã.

Na verdade, o primeiro batismo da criança cigana acontece quando a mãe sopra aos seus ouvidos um nome que apenas ela conhecerá. O banho da sorte faz parte deste ritual. As cerimônias religiosas de batismo são realizadas nas igrejas frequentadas pela família do recém nascido.

O banho da Sorte e da Fortuna

Num belo tacho de cobre são colocadas ervas aromáticas frescas, vinho, mel ou açúcar, uma pitada de sal, ouro, prata e um perfume delicado. Este banho atrai fortuna e boa sorte para o bebê. É realizado no primeiro mês de nascimento.

O casamento (surge uma nova família)

Desde que as crianças nascem, seus pais e avós começam a prepará-las para o casamento.

Existe um desejo prioritário dos pais, que é o de casá-las com alguém do seu povo. Através do casamento os ciganos asseguram a perpetuação dos costumes e tradições. As festas ciganas de casamento podem durar até três dias, conforme a condição financeira das famílias dos noivos. Os ciganos mais tradicionais iniciam a festa com um grande almoço, onde são servidos pratos típicos à base de assados de carnes diversas. Sempre com muita música e dança. E, no primeiro dia de festa, nota-se a presença dos não-ciganos, que são bem vindos ao clã.

Hoje em dia os casamentos são realizados nas igrejas. Para a cerimônia religiosa a noiva veste o tradicional traje branco, comum também às noivas não ciganas. Segue-se esta cerimônia uma outra de maior beleza e significado para os ciganos. Esta é oficializada por um membro da comunidade que tenha o respeito de todos. Os noivos então dividem o pão com o sal. Em alguns clãs quebram taças de cristal. Quantos mais cacos forem produzidos, maior a sorte do novo casal. Algumas brincadeiras são realizadas em torno da noiva, que recolhida a um compartimento (sala ou quarto), é vendida. É oferecida uma simbólica quantia em dinheiro, simbolizando a compra da noiva.

A brincadeira consiste em tentar baixar significativamente o valor estipulado pelo guardião da noiva, que insiste em valorizá-la pelos seus dotes naturais e pela beleza física. Realizada a compra, a noiva é entregue à família do noivo. Após a cerimônia, o casamento é consumado.

A prova de virgindade se dá apenas às mulheres mais velhas, de maior confiança das famílias. A virgindade é muito importante para os ciganos, que aceitam que a mulher carregará para o casamento boa sorte e bênçãos para o marido e os filhos que terão.

Música Cigana

A música e a dança fazem parte da tradição mais antiga dos ciganos. Seus mágicos acordes influenciaram grandes mestres da música universal como Bach, Lizst, Monti e Bizet.

Festa no acampamento

Diz uma antiga lenda que os ciganos dançam desde o útero materno. Já nascem realizando uma coreografia própria de quem tem sangue forte nas veias.

Este é o verdadeiro sentido do bailado cigano. Alegre ou melancólica, a dança cigana é realizada de corpo e alma. Seja para comemorar, louvar ou fazer surgir do fundo da alma a resistência, que justifica a trajetória deste povo pelo mundo. Prova disso são os inúmeros ritmos da dança: bulerías, alegrias, tanguilhos, sevilhanas, rumbas farrucas soleares.

Rituais de sedução

Arde uma fogueira no meio do acampamento. É dia de festa e as violas somam seus acordes às castanholas e pandeiros. As danças de fundo cerimonial são executadas dentro dos clãs. E não se prestam aos espetáculos públicos.

Fruto de assimilação dos elementos de outras culturas, uma das mais famosas é a dança dos lenços, inteiramente ritualística. No flamenco, o mantón e o xale substituem os lenços das demais ciganas. Ambos são aparatos de proteção ao mesmo tempo de sedução. A mulher parece desnudar-se para seu amado, como se descobrisse o próprio corpo e o próprio segredo do amor.

Através do leque, a mulher comunica determinação ao abri-lo, num movimento rápido de som agradável e forte. Assim que consegue atrair a atenção do homem, assume a postura soberba de uma rainha ou de uma recatada donzela, encobrindo o rosto para estimular seu pretendente a demonstrar suas verdadeiras intenções. Ritualisticamente é comum dançar abanando o leque sobre a cabeça e ao redor do corpo. Tudo pra ativar a energia física e chamar os bons espíritos.

No tango espanhol, bem diferente do tango espanhol argentino, a dança tem movimentos sensuais estimulantes, utilizando com adereço um chapéu que, se retirado da cabeça da bailarina, pode ser levado à altura dos quadris e do peito. Tem um belo ar majestoso, temperado de humor. Entretanto, mais rápido, é conhecido como tanguilho.

As castanholas, de origem moura e indiana, produzem a percussão que fazem dos improvisos entre bailarinos e guitarristas verdadeiros diálogos de grande carga dramática. O som das castanholas ativa a energia do ambiente, produzindo uma limpeza energética que afasta maus fluídos.

A dança cigana desperta força e poder. Dançando, seu coração se fortalece! Vista seu coração com panos coloridos, colares dourados e muitos risos. Diante de um coração alegre, as portas se abrem e todos a ele correm. Portanto sorria e dance. A dança cigana é bem diferente do flamenco. Conhecida com o nome de dança romani ou romanês, é praticada pelo grupo cigano Rom e Siti.

As mulheres vestem enormes saias coloridas. Com elas executam uma coreografia bem dinâmica. Dançam por qualquer motivo. Os ciganos ensinam que a dança fortalece, traz a alegria e espanta o mal. Para eles, se quem canta reza duas vezes, quem dança reza três vezes mais.

O som dos violinos é forte. Por isso, os ciganos mais velhos, guardiões da sabedoria e herdeiros da magia deste povo, voltam suas atenções às bailarinas, acompanhando o bailado com palmas compassadas. Enquanto isso, ela dança. É como se dissessem que a felicidade está entre eles e é maior que qualquer adversidade ou preconceito. A dança cigana desperta a força e o poder que o povo tem de ser verdadeiramente feliz.

Os primeiros passos são dados com mais lentidão. A bailarina ergue seus braços e faz tilintar suas pulseiras para pedir a Deus licença para bailar. Os movimentos evoluem aos acordes do violão e do acordeón. Os braços seguem os movimentos alternados dos ombros. As mulheres casadas executam a dança com movimentos mais discretos. Procuram não mostrar as pernas ou virar-se de costas para o público. Numa roda cigana, os mais velhos são sempre bem vindos. Geralmente são quem dançam em primeiro lugar. Não há idade para ser alegre.

Os ritos fúnebres

A morte de um cigano é chorada por nós por mais que seja esperada e previsível. São velados com muito respeito e emoção. Daquele momento em diante os ciganos contam com mais um intermediário entre o clã de Deus. Mesmo assim, evitam pronunciar o nome do ente querido. O que só é feito se for totalmente indispensável. Alguns clãs queimam os pertences e objetos do uso pessoal do morto.

Os ciganos acreditam que a alma de quem morre – o duho (o último suspiro), continua entre os vivos por mais quarenta dias, revisitando pessoas queridas, indo a lugares que gostava e relembrando tudo que lhe fizeram ou até vingando-se de pessoas inimigas. Para dar-lhe paz e apaziguar-lhe o espírito, parentes e amigos próximos procuram ficar unidos e se preparam para receber os que vêm de fora, acompanhar o enfermo.

Durante este período, as lembranças de seus feitos são citadas por todos, numa demonstração de carinho, afeto e gratidão.

Quando a morte acontece todos se mostram tristes e surpresos. Uma vela acesa é colocada entre as mãos do falecido para que ele seja guiado pela luz até onde Ananke – o destino – lhe reservou; raio (céu) ou catrano, embaixo da terra, onde ficam as almas dos condenados por arangeloudan (divindade que representa a justiça divina) entre pixe e lama. Para os ciganos, é pra lá que são enviados aqueles que matam ou blasfemam contra Deus.

Durante o velório não se permite visita de pessoas indesejáveis ao morto. É importante levar licor, vinho, velas e flores. Alguns clãs reservam um jantar em outro recinto diferente de onde está o morto. Isso serve para relembrar momentos felizes do falecido, alegrar o seu espírito.

Os objetos mais apreciados pelo morto são colocados dentro de sua urna funerária, junto com uma moeda, que serve para pagar ao canoeiro que transportará o seu espírito até sua morada final.

A grande homenagem

Um ritual secreto é realizado alguns dias após a morte. Tem o nome de pomana. Detalhe sobre esta cerimônia não são revelados.

Sabe-se que são servidos os pratos preferidos do morto e que seu lugar à mesa é resguardado. Este ritual se repete ainda por mais algumas vezes e os participantes não podem se embriagar.

Muitos grupos ciganos guardam luto até a terceira repetição do ritual. Ou por mais um tempo, se quem morreu foi uma criança.

As mulheres se vestem discretamente e os homens não fazem barba. Já outras comunidades ciganas costumam, apenas no quadragésimo dia, colocar dentro de um pequeno barco num rio uma vela branca e um pão numa água corrente. Quando o arco se afasta, é sinal que a alma está confortada e pronta para seguir o seu destino.

Quirologia e Quiromancia

A técnica da leitura das mãos justifica o nome de quirologia. É um estudo, uma ciência que requer tempo e concentração, empenho e dedicação, como qualquer outro estudo sério.

Quiromancia, por sua vez, relembra os tabus e lendas. Parte de um folclore mundial que todo mundo conhece, ainda que a maioria nunca tenha encontrado um quiromante na vida.

Quiromancia

Um dos talentos mais curiosos dos ciganos é saber seu passado, presente e futuro simplesmente desvendando os caminhos que trilham as linhas de sua mão. Existe muito tempo de vidência em ciganos que leem as mãos, mas há também um conhecimento básico que é passado de geração a geraçao.

Como o Tarô, a quiromancia também é um rico meio de autoconhecimento. Através de suas linhas e formato das mãos, unhas, textura e cor da pele, comprimento dos dedos, pode-se saber muito sobre alguém. A quiromancia é uma arte milenar originada provavelmente na Índia, onde temos relatos de mais de cinco mil anos sobre sua existência.

Associada à Astrologia, a quiromancia era privilégio de sacerdotes – ou Brahmanes – que a utilizavam para orientar as outras castas sobre os melhores momentos para suas decisões mais importantes.

Há muitos equívocos sobre esta arte divinatória, propagados aos quatro ventos pelo tempo.

Quiromancia é o estudo das linhas e sinais das palmas das mãos. É um ramo da Quirologia, que também engloba a Quirognomonia, estudo do formato das mãos, dedos, unhas, falanges e montes que permite obter dados sobre a personalidade, caráter, tendências e potenciais do indivíduo.

Ceromancia

Uma das mancias que se utiliza com velas chama-se ceromancia. É bastante utilizada pelos povos ciganos. Consiste na interpretação das figuras que se formam com o pingar da cera de uma vela sobre um copo com água.

Não se esqueça de fazer alguns minutos de concentração antes de manter a mente livre das respostas que você deseja ou teme ver. A mancia de bons resultados depende mais da pessoa que a utiliza, do que do instrumento utilizado.

A leitura das cartas ciganas

A leitura das cartas ciganas constitui um ritual cheio de significação mística. Seguindo as orientações corretamente você pode realizar uma boa leitura das mensagens das cartas ciganas.

1. O seu baralho deve ser imantado antes de ser utilizado. Para isso, apresente suas cartas ciganas à Lua Cheia, senhora da magia, da intuição da vidência, e o Sol, senhor da energia e do sucesso. Arme em forma de círculo numa bandeja de metal prateado e leve-as em direção à Lua e ao Sol. Em seguida, acenda um incenso de limpeza energética e passe uma a uma as lâminas pela fumaça.
2. Jogue sempre num lugar tranquilo de sua casa, utilizando uma mesa destinada apenas ao oráculo.
3. Antes de jogar faça uma prece silenciosa pedindo proteção e discernimento para interpretar as mensagens das cartas. Se for jogar para outras pessoas, peça licença aos anjos, santos e guardiões de seu consulente.
4. Encerrando o jogo, recolha as cartas num baú de madeira ou numa sacolhinha de veludo ou material semelhante.

Se for mulher, evite jogar no período menstrual e use sempre uma saia comprida.

Ritual para melhorar a sua vidência nas cartas

- Um metro de barbante
- Incenso
- Perfume
- Cartas

Em uma noite de Lua Cheia, vá a uma praia, mar, rio ou riacho e leve suas cartas amarradas em um cordão de mais ou menos um metro (amarre-as bem para não cair). Chegando lá, entre na água, agarre as cartas pelo barbante e mergulhe-as três vezes rapidamente. Olhe para a Lua e peça que ela te dê mais visão e mais intuição na hora de abrir as cartas para alguém. Guarde-as rapidamente, enrolando em um pano branco. Ao chegar em casa, defume-as bem e passe perfume nelas. Guarde-as novamente. Só jogue com elas depois que passar essa Lua Cheia.

Ritual para melhorar a sua vidência nas cartas

- Duas bandejas prateadas
- Uma caixa de algodão
- Um buquê de rosas brancas (comprar no final do ritual)
- Oito velas brancas
- Cartas

Na primeira noite de Lua Cheia, forre uma bandeja com o algodão. Em cima do algodão, coloque as cartas espalhadas com o desenho para cima. Vá ao lado de fora da casa, onde possa ver a Lua, levante a bandeja e mostre-a para a Lua. Peça que na sua próxima vinda ela te dê mais visão e intuição ao abrir as cartas para alguém. Após, esconda as cartas, tapando com a outra bandeja por cima. Coloque num lugar onde ninguém possa mexer durante trinta dias. Ou seja: até a Lua Cheia chegar novamente. Já no primeiro dia de Lua Cheia, vá a um rio, praia, mar ou riacho e leve a bandeja com você sem abri-la e sem ver as cartas. Leve um buquê de rosas brancas. Chegando lá, levante a bandeja, destape-a e agradeça à Lua Cheia pela vidência e intuição já recebida. Peça que continue assim até o resto de sua vida. Depois, retire as cartas e enrole em um pano branco. No lugar das cartas, em cima da bandeja, deixe um buquê de rosas brancas e oito velas brancas acesas ao lado. Ofereça à Lua como presente. Retire-se. Ao chegar em casa, defume as cartas e passe algum perfume nelas. Está pronta para ser usada.

As Quatro Fases da Lua

Lua Nova

Quer iniciar um romance? Esse é um período indicado. Amores que brotam nessa Lua podem ser mais prazerosos do que duradouros, já que os desejos pessoais ficam mais evidentes do que o comprometimento com o par. De qualquer forma, podem surgir paixões intensas e inesquecíveis. No trabalho, atividades autônomas costumam fazer mais sucesso do que as de equipe. A criação e o desenvolvimento de ideias estão favorecidos nessa época. Propícia para começar um projeto profissional.

Caso queira engravidar, saiba que essa é uma fase de fertilidade alta. Se o assunto é beleza, corte os cabelos para que cresçam saudáveis. O momento também é adequado para iniciar uma poupança ou investir numa viagem de lazer.

Lua Crescente

É uma fase em que muitos sonhos começam a ser traçados. Vale a pena dar ouvidos à sua intuição e investir no que deseja. Saiba que o que plantar agora será colhido só nas próximas fases. Mas nada será perdido. Seja persistente. Compareça às entrevistas de emprego e não desista da atividade que começou. Conte com seu bom senso para avaliar seus planos e ver se é hora de mudar de tática. O período é favorável para trabalhos como: vendas, exposições, lançamento de produtos, bem como acordos e parcerias.

Se iniciar um romance nessa fase, ótimo, pois ele tende a ser duradouro. Essa Lua também é perfeita para quem quer mudar radicalmente o visual. Tratamentos de beleza são bem sucedidos.

Lua Cheia

Não se surpreenda se nesse período sentir-se muito feliz ou triste como nunca. É que a Lua Cheia é um momento de emoções intensas. Então não custa nada pensar bastante antes de falar, já que os sentimentos ficam à flor da pele nessa fase e não é difícil magoar os outros. Ao mesmo tempo, o magnetismo das pessoas se ressalta, a energia sexual está em alta e os encontros íntimos prometem momentos de puro prazer.

Nos negócios, a área comercial é bastante beneficiada. Tanto os sucessos quanto os fracassos profissionais ficam mais evidentes nessa época. A intensidade de emoções desse período pode acarretar estresse. É importante buscar atividades que ajudem a manter o equilíbrio.

Lua Minguante

Essa é uma fase de recolhimento. É importante avaliar os resultados do seu empenho e procurar se adaptar à realidade. Não é um momento propício para transformações. Caso seus projetos não estejam dando certo, repense cada etapa e tente descobrir uma maneira de mudar de estratégia. Recue por um tempo, deixando as grandes mudanças para a próxima fase.

É hora de dar uma pausa e guardar energias para a Lua Nova. Se você pretende romper um romance, o período é indicado. No trabalho, é mais apropriado investir em projetos que já estão em andamento do que iniciar novos.

Dietas para emagrecimento, tinturas, depilação, limpeza de pele e tratamentos estéticos são favorecidos. Se quiser conservar o corte de cabelo, essa fase é indicada para apará-lo.

Horóscopo Cigano

Áries
Punhal – 21 de março a 20 de abril

Imagem da coragem, da luta e da vontade de vencer obstáculos. O punhal representa honra, sucesso e vitória.

Instrumento presente na vida diária do povo cigano, o punhal era utilizado também para abrir caminhos, sendo também o símbolo de pioneirismo e superação de obstáculos.

Quem nasce sob o signo de punhal tem personalidade forte, ousa melhores condições de vida e detesta ser subestimado. Quando é subestimado fica furioso. É capaz de amar intensamente. Gosta de atividades físicas e não é econômico. No entanto, controla o próprio dinheiro. Cargos de liderança e confiança são bem destinados àqueles que nascem sob o signo de punhal.

Cigana Paloma: regente do signo de punhal
Elemento: fogo
Qualidade: franqueza
Pedra: granada
Carta: 11
Cor: vermelha
Incenso: almíscar e sândalo

Perfume: violeta
Vela: vermelha
Número da sorte: 3
Dia da semana: domingo e terça-feira
Cigana dos caminhos: Dolores
Santo Padroeiro: São Nicolau de Flue. Mais conhecido como Santo Klaus, padroeiro da Suíça.
Flor: Margarida

Touro
Coroa – 21 de abril a 20 de maio

A coroa é o símbolo da nobreza e riqueza. Representa o amor puro, força, poder e elegância. As pessoas nascidas sob o signo de coroa tornam-se valorizadas e importantes.

Obstinados, os nativos de coroa lutam pelo que querem. A segurança e a estabilidade financeira são fundamentais. Os nativos de coroa nasceram para administrar. Lutam para serem seus próprios patrões.

Fiéis no amor e de grande sensibilidade, não toleram brincadeiras com seus sentimentos. Quando amam, se entregam verdadeiramente. Amam tudo que é belo e valioso. Têm criatividade para se destacar em todas as artes.

Cigano Wladimir: regente do signo de coroa
Elemento: terra
Qualidade: lealdade
Pedra: quartzo rosa
Carta: 6
Cor: verde – rosa – azul
Incenso: rosa e alecrim

Perfume: jasmim e almíscar
Vela: azul
Número da sorte: 3
Dia da semana: quarta e sexta-feira
Santo Padroeiro: São Jorge – o Santo Guerreiro
Flor: Cravo Branco.

Gêmeos
Candeias – 21 de maio a 20 de junho

As candeias são usadas para iluminar noites nos acampamentos ciganos. São duplas e indicam a independência para expressar ideias que podem ter dois aspectos. Representa clareza de ideias e sabedoria. São as luzes e a verdade que devem guiar os homens na entrada da vida. Símbolo da espertéza e da vivacidade.

Os que nascem sob a regência de candeias têm uma inteligência brilhante e facilidade de comunicação. Gostam de fazer amigos onde quer que estejam. Gostam de pesquisar e estudar assuntos humanísticos. São românticos e jamais desistem de uma conquista. Mesmo sem entrega afetiva.

Cigana Zaira: a regente do signo de Candeias
Elemento: ar
Qualidade: inteligência
Pedra: safira e jade
Carta: 7
Cor: azul – amarela
Incenso: rosa e alecrim
Perfume: lavanda e sândalo
Vela: branca
Número da sorte: 5

Dia da semana: quarta e quinta-feira
Cigana dos caminhos: Soraya
Santo Padroeiro: Santa Catarina de Génova
Flor: Rosa Vermelha

Câncer
Roda – 21 de junho a 21 de julho

A roda ou chackra é o símbolo da presença cigana no mundo. Representa a variação de movimento, o ir e vir. Está relacionada à Lua pela forma arredondada. Os nativos de roda são emotivos e sensíveis. Podem se irritar facilmente e possuem intuição fortemente aguçada.

A roda tem ligação com as mulheres. Principalmente com as gestantes, por causa de um movimento circular do ventre grávido. O movimento da roda representa a alegria e a tristeza, a riqueza e a pobreza. Sujeitos à insegurança, têm tendência à nostalgia. Amam intensamente e são ciumentos. Os nativos de roda são muitos ligados à família e adoram crianças.

A regente deste signo é Carmencita
Elemento: água
Qualidade: simpatia e sensibilidade
Pedra: esmeralda e malaquita
Carta: 10
Cor: branco – azul – violeta
Incenso: maçã e violeta
Perfume: jasmim e sândalo
Vela: azul
Número da sorte: 2
Dia da semana: segunda e terça-feira

Santo Padroeiro: São Luiz de Gonzaga
Flor: Lírio

Leão
Estrela – 22 de julho a 22 de agosto

A estrela cigana tem cinco pontas. É a mais forte referência à imagem do homem, com seus braços abertos, saudando o sol. A estrela é símbolo de sucesso e também de evolução espiritual. Vivem rodeados de amigos.

Quem nasce sob a regência da estrela é dono de muito otimismo e alto astral. Nasceu para brilhar. Possui valores importantes. Gostam de festas e têm talento especial para atrair outras pessoas. Conseguem aliar prazer no trabalho que realizam. Querem impor suas ideias a todo custo. Serão ótimos artistas e líderes em todos os níveis.

Cigana Madalena: regente do signo estrela
Elemento: fogo
Qualidade: generosidade
Pedra: topázio e rubi
Carta: 8
Cor: amarela e laranja
Incenso: almíscar e sândalo
Perfume: sândalo
Vela: vermelha
Número da sorte: 4
Dia da semana: domingo e quinta-feira
Santo Padroeiro: São Tiago – o Maior
Flor: Acácia ou Cravo Vermelho

Virgem
Sino – 23 de agosto a 22 de setembro

Nos séculos passados, o sino era utilizado como relógio. Por isso, os ciganos o associam à pontualidade, ordem das coisas, à disciplina. Exatidão e perfeição são as palavras de ordem para os nativos de sino. Quem nasce sob a influência é muito organizado e crítico. Sua ambição supera as próprias expectativas. Querem aproveitar a vida nos mínimos detalhes. Mas sem exageros. Muito inteligentes, analisam e criticam tudo ao seu redor. Muitas vezes perdem muitas oportunidades com isso. Têm talento para cargos administrativos e para todas as profissões que exijam ordem, crítica e autoridade.

Cigano regente é Pablo
Elemento: terra
Qualidade: otimismo e coragem
Pedra: ametista e citrino
Carta: 8
Cor: azul e amarela
Incenso: rosa e benjoim
Perfume: violeta e almíscar
Vela: branca e amarela
Número da sorte: 5
Dia da semana: quarta e sábado
Cigana dos caminhos: Luana
Santo Padroeiro: São Bartolomeu
Flor: Azálea

Libra
Moedas – 23 de setembro a 22 de outubro

As duas faces da Moeda representadas pela cara e pela coroa estão associadas ao equilíbrio e à justiça. E também se relacionando à riqueza material e espiritual. Os ciganos ensinam que a cara é o ouro material e a coroa o ouro espiritual. Seus nativos são sensíveis, charmosos e amam intensamente. Concentra sobre si as atenções das demais pessoas, pela elegância e pela forma gentil de tratá-las. Buscam sempre estar apaixonadas e gostam de ajudar as pessoas. Sabem e fazem amigos com facilidade. Gostam de estar sempre bem acompanhados. Sentem-se bem em todas as profissões que tratem de assuntos em que pese o equilíbrio e a beleza.

A seu regente é o cigano Iago
Elemento: ar
Qualidade: harmonia
Pedra: quartzo rosa
Carta: 9
Cor: rosa e azul
Incenso: maçã e rosa
Perfume: almíscar e violeta
Vela: branca
Número da sorte: 6
Dia da semana: sexta-feira e sábado
Santo Padroeiro: São Cosme e São Damião
Flor: Dália

Escorpião
Adaga – 23 de outubro a 21 de novembro

A adaga é o símbolo da maturidade. Por isso, é entregue ao cigano ao sair da adolescência. Está associada à morte. E simboliza as grandes mudanças, tão necessárias ao nosso crescimento. Pessoas sob a regência de adaga, têm temperamento enigmático, se tornam irresistíveis. Têm capacidade de analisar tudo que se passa ao seu redor. Procuram se aprofundar no que diz respeito à pessoa amada, aos amigos e a tudo que passa nos ambientes em que está. Dá-se ao sexo de forma arrebatadora. Sem maiores laços afetivos.

Cigana Sulamita: regente do signo de adaga
Elemento: água
Qualidade: determinação
Pedra: granada
Carta: 6
Cor: vermelha e cinza
Incenso: almíscar e eucalipto
Perfume: patchuli
Vela: azul
Número da sorte: 13
Dia da semana: terça e quinta-feira
Cigana dos caminhos: Carmelita
Santo Padroeiro: Santo Antonio Claret
Flor: Crisântemo

Sagitário
Machado – 22 de novembro a 21 de dezembro

O machado é o símbolo da liberdade, porque sempre rompe as barreiras e obstáculos impostos pela natureza. Pessoas nativas de machado amam a liberdade. Aventuram-se em descobrir lugares novos e nos estudos dos desconhecidos. São como o vento que em tudo toca. Que em tudo está, mas que em nada fica. Divertidos, bem-humorados e otimistas, são capazes de ver uma luz na escuridão contagiando a todos com o seu astral elevado. Apaixonam-se e desapaixonam-se com facilidade. Saem-se bem em trabalhos que os incentivem às descobertas e aprendizado. Detestam a rotina.

Seu regente é o cigano Sandro
Elemento: fogo
Qualidade: otimismo e honestidade
Pedra: topázio
Carta: 10
Cor: laranja e amarela
Incenso: cravo e canela
Perfume: madeira e verbena
Vela: vermelha
Número da sorte: 7
Dia da semana: terça e quinta-feira
Cigano dos caminhos: Ramur
Santo Padroeiro: Santa Cecília
Flor: Narciso

Capricórnio
Ferradura – 22 de dezembro a 21 de janeiro

A ferradura representa o trabalho árduo e o esforço pessoal. Os ciganos costumam usá-la para atrair a boa sorte (Bar Lachí), a fortuna e para afastar as adversidades. Pessoas que nascem sob a influência da ferradura têm bom senso, podendo se tornar sérias demais. Gostam de acumular bens e prosperam com certa facilidade. Raramente confiam em outras pessoas. Buscam relações estabelecidas sob bases concretas, preferindo casamentos tradicionais e a companhia da família. Têm poucos amigos e se dedicam à profissão. Sentem-se seguros quando se estabelecem materialmente.

Seu regente é o cigano Ramur
Elemento: terra
Qualidade: responsabilidade
Pedra: safira
Carta: 11
Cor: azul e lilás
Incenso: lótus e alecrim
Perfume: vetiver e violeta
Vela: branca
Número da sorte: 8
Dia da semana: sexta-feira e sábado
Santo Padroeiro: São João – irmão de Tiago
Flor: Cravo

Aquário
Taça – 21 de janeiro a 19 de fevereiro

No casamento cigano os noivos bebem vinho em uma única taça. O que representa unidade e comunhão de valores. A taça representa a união e a capacidade de ser respectivo. Nela, qualquer equilíbrio toma forma. Os nativos de taça identificam-se com os assuntos e interesses da coletividade. São inteligentes, humanitários, solidários, inquietos e têm vários amigos sinceros. Estão sempre em busca de coisas novas. Vivem em busca da felicidade. No amor são fiéis e sinceros. Preferem relações fora dos padrões convencionais da sociedade. Gostam dos assuntos ligados à tecnologia e à melhoria de qualidade de vida do planeta.

Rege este signo a cigana Salamandra
Elemento: ar
Qualidade: taça
Pedra: lápis-lazulí
Carta: 3
Cor: Azul
Incenso: violeta e rosa
Perfume: sândalo
Vela: branca
Número da sorte: 3
Dia da semana: quarta-feira e sábado
Cigana dos caminhos: Madalena
Santo Padroeiro: São Vicente
Flor: Violeta

Peixes
Capela – 20 de fevereiro a 20 de março

A capela é o templo da unidade e representa a presença do grande Deus. É símbolo de religiosidade e fé. É num templo que todos estabelecem contato com seu Deus interior e alimentam-se de força e de amor pleno. Pessoas nascidas sob o signo de capela são emotivas, sensíveis, leais, justas, espiritualizadas e sonhadoras. Têm muita força espiritual e podem desenvolver dons de clarividência. São amantes que se entregam inteiramente às paixões e, às vezes, sofrem desilusões. Vivem com mais intensidade a dimensão do sonho que da própria realidade. Saem-se bem em todas as profissões em que possam ajudar o próximo e nas artes.

Sua regente é Palomita
Elemento: água
Qualidade: harmonia
Pedra: ametista e turquesa
Carta: 16
Cor: verde
Incenso: violeta e alfazema
Perfume: violeta e jasmim
Número da sorte: 9
Dia da semana: segunda-feira e quinta-feira
Ciganos dos caminhos: Ramires e Sarita
Santo Padroeiro: São Sérgio – O Mártir de Cesárea de Capadócia
Flor: Orquídea

Incensos

Abre Caminho: Abre todos os caminhos para sorte, saúde e felicidade.
Absinto: Perfume exótico que estimula a imaginação, a criatividade e a sensualidade.
Acácia: Para saúde.
Alecrim: Planta mágica de longa tradição no esoterismo. Exerce ação geral de proteção. Indicado para mulheres solitárias. Combate o esgotamento físico e mental. Promove liberação de angústias, ressentimentos e mágoas. Protege contra desemprego e ajuda nas provas. Também traz prosperidade e saúde.
Alfazema: Relaxa o corpo e acalma a mente. Produz tranquilidade nos negócios e nos relacionamentos. Calmante, equilibra impulsividade e insegurança. Aguça a intuição, principalmente dos que buscam um direcionamento afetivo. Levanta o astral.
Almíscar: Aroma tradicional, que tem ação afrodisíaca. Indicado para momentos de intimidade, atrai amor e envolvimento
Alôe Vera: Purificador de ambiente. Estimula a sensibilidade e a meditação.
Angélica: Incenso dos anjos. Estimula a conexão com as esferas angelicais.
Anjinhos: Para agradar e fortalecer seu anjo.
Anis Estrelado: Atua tanto no nível material quanto no emocional, estimulando a natureza positiva. Revitalizador emocional. Atua

na abertura de caminhos, gerando oportunidade profissional e afetiva.

Aromas da floresta: Afrodisíaco. Romance e amor.

Arruda: Erva tradicional de limpeza. Purifica o ambiente eliminando as energias negativas. Purificador energético. Limpa os ambientes. Promove defesa psíquica. Dissolve elementos densos e negativos e traz consciência de potências. Repele doenças, inveja, olho-grande e feitiços. Ajuda na reconciliação.

Bálsamo: Traz paz e harmonia. Remove o mal e negatividade. Acalma o ambiente.

Baunilha: Bem estar, estímulo, amor. Relaxa e tonifica ao mesmo tempo.

Bará: Abre caminho e destranca tudo.

Benjoim: Atrai energias positivas e combate as negativas. Indicado para limpeza de ambiente. Eleva a espiritualidade e autoestima e a conexão superior. Atrai sucesso.

Caboclo: Ajuda na mediunidade.

Café: Ajuda a atrair clientes, negócios e dinheiro. Atrai aquisições na área material e financeira.

Caldeirão da Bruxa: Amor, poder e sedução.

Calêndula: Condensador de energia astral. Devido à cor e à aparência solar, atrai vitórias financeiras e judiciais.

Camomila: Ajuda a acalmar o sistema nervoso, criando uma atmosfera favorável à harmonia e ao relaxamento. Possui efeito calmante. Desperta sentimentos nobres e desenvolve poderes psíquicos. No corpo, atrai amor; nas mãos, dinheiro rápido. Tem efeito relaxante.

Canela: Tem ação antidepressiva e aumenta a alegria de viver. Traz fartura.

Cânfora: Atrai energias positivas. Muito utilizado na Índia como preparação para a prece e meditação. Usado para limpeza.

Capim Santo: Estimulante mental. Revitalizante e purificante.
Celestial: Reativa o equilíbrio.
Chama dinheiro: Queime três varetas todos os dias e o dinheiro aparecerá.
Chocolate: Atrai a fortuna, harmonia e lucro.
Chuva de ouro: Atrai fortuna, sorte e influência.
Citronela: Traz paz para casa. Afasta o mal. Repelente natural de mosquitos.
Contra Inveja: Quebra demanda e afasta o mal.
Cosme e Damião: Indicado para crianças agitadas.
Cravo: Estimula a energia, trazendo prosperidade e aumento de ganhos materiais. Traz prosperidade. Limpa e repele inveja e olho grande, conjugando a canela. Atrai o ser amado e a harmonia.
Cravo Flor: Estimula a concentração, beleza e sensibilidade.
Credo do Oriente: Afrodisíaco. Atrai prosperidade, dinheiro, sucesso em vendas e boa fortuna.
Cupido: Aumenta o poder de sedução.
Dama da Noite: Afrodisíaco que aumenta a sensualidade feminina. Proporciona êxtase e prazer de forma envolvente e sutil. Atrai a força do inconsciente e a paixão.
Erva Cidreira: Aroma envolvente que acalma e auxilia o relaxamento.
Erva Doce: Aroma agradável que tranquiliza e estimula a sensualidade. À noite é um grande purificador de consciência. Induz sonhos que levam à resolução de problemas. Restaurador de aura. Protege de furto e assaltos, sendo excelente magnetizador de velas de cura.
Esotérico: Estimula a doutrina.
Espada de fogo: Destrói inimigos ocultos.
Espada de ouro: Abre caminhos da riqueza e da fortuna.
Espada de prata: Destrói inimigos ocultos.
Especiarias da Índia: Traz prazer, sensualidade e amor.

Espiritual: Atrai a força interior.
Estrelas: Atrai lucro, vitória e poder.
Eucalipto: Estimula a mente. Aumenta a concentração e o raciocínio. Desenvolve o otimismo e purifica o corpo.
Exu: Abre caminho e destranca tudo.
Fengshui: Para harmonizar seu lar e escritório.
Floral: Buquê de flores perfumadas, que tranquiliza e relaxa. Atrai alegria, sabedoria e criatividade. Atrai grandes emoções.
Flores tropicais: Carinho, afeto e sedução.
Flor do campo: Afasta a tristeza.
Flor de laranjeira: Bom para prosperidade, para sorte e para melhorar a disposição psicológica. Melhora o humor.
Flor de Lótus: Para amizade.
Fonte da juventude: Estimula a beleza, jovialidade e relaxamento.
Força espiritual: Para limpeza astral e proteção espiritual.
Gardênia: Atrai a paz, proteção e casamento feliz.
Geranium: Atrai amor, paixão e proteção.
Guiné: Tem o poder de criar um "campo de força" de proteção, bloqueando as energias negativas e emitindo vibrações otimistas. Atrai sorte e felicidade. Cria uma energia de bem estar nos ambientes. Afasta o mal.
Himalaia: Ajuda a vencer obstáculos e a alcançar objetivos.
Iansã: Ajuda na transformação e no movimento.
Iemanjá: Fortuna, sabedoria.
Incenso: Purifica o ambiente, criando um clima favorável à prece e a meditação.
Incenso da sorte: Preparado com uma fruta da Austrália chamada Dewberry, semelhante à cereja. Atrai boa sorte.
Jasmim: Incenso ideal para o romance e relaxamento. Purifica local que exista gente doente. Afasta medos e traz a confiança na resolução de problemas emocionais e financeiros. Atrai bons negócios.

Kamasutra: Para alcançar a perfeição do amor.

Laranja: Revitalizador áurico. Combate doenças, afasta medos e traz a confiança na resolução de problemas emocionais e financeiros.

Lavander (Lavanda): Relaxa o corpo e acalma a mente. Produz tranquilidade nos negócios e nos relacionamentos. Estimula a energia

Lemongrass (Capim Limão): Possui efeito tônico e estimulante. Indicado para pessoas tristes e desanimadas.

Limão: Extremamente poderoso. Limpa, purifica e protege os ambientes formando um escudo protetor. Ativa o progresso, aumenta a beleza, sucesso e força de vontade.

Lírio: Eleva os pensamentos. Indicado para pessoas em busca de espiritualidade.

Lótus: Aroma tradicional. Cria no ambiente um clima propício à meditação. Indicado para pessoas em busca do crescimento espiritual.

Lótus do Nilo: Para limpeza e descarrego.

Louro: Atrai a prosperidade e a riqueza.

Lua: Incenso de nardo. Paz, amor e tranquilidade ao ambiente. Amplia a intuição e a imaginação.

Maçã Verde: Aroma leve e sutil que beneficia a saúde física. Indicado para pessoas que estão enfermas ou convalescentes. Traz alegria.

Madeiras do Oriente: Para meditação, espiritualidade e solução de problemas.

Magia Africana: Para trazer seu amor de volta e fortalecer o espírito.

Magia Cigana: Traz clarividência. Ouro e boa sorte.

Magia Egípcia: Atrai o poder, fama e dinheiro.

Magia Indiana: Atrai o poder, fama e fortuna.

Mamãe e Bebê: Estimula o cuidado, carinho e amor.

Manjericão: Atrai proteção espiritual e harmoniza o ambiente.

Mel: Promove a união e adoça as relações.

Mirra: Usada desde a Antiguidade para criar uma atmosfera de paz, prece e oração. Ativador de luz interior, desperta criatividade, dinamismo, iniciativa, liderança e ação.
Morango: Reativa a sensualidade, atração, prestígio e simpatia.
Musgo do Carvalho: Utilizada pelos antigos magos como regenerador de energias. Utilizado em trabalhos de magia.
Noz moscada: Melhora as condições materiais. Atrai dinheiro e aumenta a segurança emocional.
Obá: Conquistas e vitórias.
Obaluaiê: Saúde e cura.
Ode-Otin: Força espiritual e fartura.
Ogum: Vence todos os tipos de demanda.
Olho de Hórus: Para descarrego.
Olho de Isis: Incenso defumador completo.
Olho grego: Defumador completo.
Olíbano: Oferecer ao Senhor e obter graças.
Opium: Desperta a sensualidade de forma envolvente e sutil. Proporciona êxtase e prazer.
Ópio: Estimula a positividade.
Orquídea: Afrodisíaco. Fortalece a afeição e sensualidade.
Ossanha: Ajuda na cura de doenças.
Oxalá: Força espiritual.
Oxóssi: Fartura em abundância.
Oxum: Amor e riqueza.
Patchouli: Proporciona paz de espírito. Facilita a meditação e estimula a intuição. Desperta paixão.
Pinho: Usado à noite. Bloqueia energias nefastas. Na Lua Minguante desfaz feitiços. É revitalizante.
Preto-velhos: Para vencer grandes sofrimentos.
Quebra demanda: Quebra todos os maus enviados e atraídos.
Quebra feitiço: Destrói feitiço e larva astral.

Ramo de Louro: Vitória, sucesso e amor.
Rosa: Atrai amor, paixão, beleza e juventude. À noite propicia sonhos proféticos com o ser amado. Traz romance, sedução e prazer.
Rosa Amarela: Sucesso, prazer, riqueza, brilho e alegria.
Rosa Chá: Amor, casamento e alegria.
Rosa Branca: Símbolo de pureza e da paz. Cria uma atmosfera de harmonia, tranquilidade e compreensão. Paz interior.
Rosa da Índia: Para o encanto.
Rosa musgosa: Atrai a felicidade.
Rosa Vermelha: Símbolo do amor e da paixão. Afrodisíaco. Aumenta a alegria de amar e viver.
Sal grosso: Descarrego e limpeza astral.
Sândalo: O aroma de maior uso no Oriente. Favorece a meditação e práticas espirituais. Atrai o encanto.
Sandalwood: Estimula a meditação, espiritualidade e boa sorte.
Sete Ervas: Equilíbrio financeiro, limpeza energética, purificação e combate inveja e mal olhado. Extremamente libertador, purifica e protege, repelindo assaltos e outras violências.
Sete pimentas africanas: Clarividência.
Shivan: Defumador espiritual completo.
Sol: A mistura equilibrada de lavanda, alecrim, olíbano, canela e sândalo. Atraem vibrações positivas.
Tangerina tropical: Energético e anti-stress.
Tulipa: Para magia, força. Realiza sonhos.
Verbena: Estimula a sensualidade e a sedução. Indicada para pessoas do sexo feminino. Traz riqueza. Proporciona equilíbrio da raiva e ciúmes que fogem do controle.
Vetiver: Para fartura.
Violeta: Segurança e iniciativa. Aumenta o poder de decisão e o desejo.
Xangô: Trás equilíbrio e justiça.

Xapanã: Saúde e cura.
Ylang Ylang: Afrodisíaco poderoso, inspirações e habilidades para o amor.

Incensos dos Signos

Áries: Acácia: Força. Poder e ação.
Touro: Flor de Laranjeira: Riqueza, beleza e amor.
Gêmeos: Musgo do Carvalho: Inteligência, comunicação e arte.
Câncer: Citronela: Afeto, maternidade e criação.
Leão: Madeira: Beleza, carisma e alegria.
Virgem: Vetivert: Lógica e estética.
Libra: Coco: Justiça, equilíbrio e emoções.
Escorpião: Afrodesia: Sensualidade e prazer.
Sagitário: Pinho: Sinceridade, objetivos e espiritualidade.
Capricórnio: Ciprestes: Sucesso, crescimento e perseverança.
Aquário: Absinto: Futuro, amizade.
Peixes: Brisa do Mar: Misticismo e caridade.

Incenso caseiro para finanças

- Um punhado bem cheio de folhas secas de pitangueira
- Canela em pó
- Café em pó
- Açúcar
- Cravo-da-índia
- Palha ou bagaço de cana

Coloque tudo numa tigela e lance as brasas da porta principal para dentro de casa, deixando queimar até o final no quintal ou área de serviço, quando deve ser despachado no verde.

Essências esotéricas

Acácia: Saúde

Água fresca: Reativa a energia.

Alecrim: Combate o esgotamento físico e mental. Promove liberação de angústias, ressentimentos e mágoas. Protege contra desemprego e ajuda nas provas. Trás prosperidade.

Alfazema: Calmante. Equilibra impulsividade e insegurança. Aguça a intuição. Principalmente dos que buscam um direcionamento afetivo. Levanta o astral.

Anis: Revitalizador emocional. Atua na abertura de caminhos, gerando oportunidades profissionais e afetivas.

Almíscar: Amor e envolvimento.

Arruda: Purificador energético, limpa ambientes e promove defesa psíquica. Dissolve elementos densos e negativos e traz consciência de potenciais. Repele doenças, inveja, olho grande, feitiços. Elimina a parte negativa.

Bálsamo: Acalma o ambiente.

Benjoim: Eleva a espiritualidade, e autoestima e a conexão superior. Atrai o sucesso.

Calêndula: Condensador de energia astral. Devido à cor e aparência solar, atrai vitórias financeiras e judiciais.

Camomila: Possui efeito calmante. Desperta sentimento nobre e desenvolve poder psíquico. No corpo, atrai amor. Nas mãos, dinheiro rápido. Relaxante.

Canela: Estimulante. Favorece ganhos e obtenção de bens materiais, mediante sorte e muita clientela. Trás fartura.

Cânfora: Limpeza.

Celestial: Reativa o equilíbrio.

Colônia: Felicidade.

Cravo da índia: Limpa e repele inveja e olho grande. Conjugando a canela, atrai o ser amado. Trás prosperidade

Erva doce: À noite é um grande purificador de consciência. Induz sonhos que levam à resolução de problemas.

Dama da noite: Paixão.

Esotérico: Doutrina.

Espiritual: Força interior.

Eucalipto: Restaurador de aura protege de furto e assaltos, sendo excelente magnetizador de velas de cura. Purifica o corpo.

Flor de laranjeira: Melhora o humor.

Flor de lótus: Amizade.

Flor do campo: Afasta a tristeza.

Floral: Grandes emoções.

Jasmim: Purifica locais em que existam doentes. Afasta discórdias e devolve a paz. Conhecido como "enfeitiçador de homens". Atrai bons negócios.

Laranja: Revitalizador áurico. Combate doenças, afasta medos e traz a confiança na resolução de problemas emocionais e financeiros.

Lavanda: Energia

Limão: Extremamente poderoso. Limpa, purifica e protege os ambientes formando um escudo protetor e atraindo o progresso.

Louro: Prosperidade e riqueza.

Maçã verde: Alegria.

Mirra: Ativador de luz interior. Desperta criatividade, dinamismo, iniciativa, liderança e ação.
Morango: Simpatia.
Ópio: Positivismo.
Pachuli: Desperta paixão.
Pinho: Usado à noite, bloqueia energias nefastas. Na Lua Minguante desfaz feitiços.
Rosa: Atrai amor, paixão, beleza e juventude. À noite propicia sonhos proféticos com o ser amado.
Pinho: Revitalizante.
Rosa da Índia: Encanto
Rosa musgosa: Felicidade.
Sândalo: Encanto.
Sete ervas: Extremamente libertador. Purifica e protege repelindo assaltos e outras violências.
Verbena: Proporciona equilíbrio da raiva e ciúmes que fogem ao controle. Atrai a riqueza.
Vetiver: Fartura.
Violeta: Desejo.

Essências dos Signos

Áries

Pinho e hortelã são os aromas que combinam com sua natureza impulsiva e autêntica. Procure usar também um perfume à base de violeta. Indicado para amenizar o nervosismo e a ansiedade, proporcionando bem estar. Esse aroma trará um toque de delicadeza às suas atitudes.

Touro

Âmbar e lavanda são os perfumes que têm a ver com seu jeito meigo e amante da natureza. As essências adocicadas e florais costumam ser associadas ao seu signo. Alfazema é outra boa opção. Um de seus principais atributos é a simplicidade, além de purificar os sentimentos.

Gêmeos

Curiós, você combina bem essência de lótus, que a ajuda a se conectar com o conhecimento elevado. Para combinar com sua mente versátil e criativa, à base de menta. Para atrair boas oportunidades no amor, use gotas de essência de Angélica.

Câncer

Você vai se beneficiar muito se usar a essência de rosas em seu cotidiano. Este aroma estimula o romantismo e auxilia a usar bem a sua intuição. Passe algumas gotas nos pulsos e nas têmporas. Perfumes à base de baunilha e lírio também são indicados. Atraem afeto e paz no lar.

Leão

Sândalo e alecrim são os perfumes certos da leonina. Transmitem a alegria e o entusiasmo que marcam sua personalidade. Indicados para ativar a coragem e a autoestima. Facilitam conquistas amorosas. Já para conter os excessos e ativar o lado mais racional a dica é uma fragrância amadeirada.

Virgem

Lavanda e menta são perfumes ideais para seu jeito discreto e analítico de ser. Ambos reproduzem a sensação de limpeza após o banho que toda virginiana adora sentir. Em alguns momentos você precisa aumentar sua autoconfiança, elevar o humor. Nesses casos, use gerânio.

Libra

Fragrâncias de fundo floral acentuam sua feminilidade. Essência de jasmim é perfeita. Também simboliza a união nos relacionamentos amorosos. Já o aroma de vetiver traz a tranquilidade que você busca. Os tons amadeirados a ajudam a ser mais decidida e determinada.

Escorpião

Patchouli e bergamota (tangerina) são aromas que combinam com a sua intensidade emocional. Deixam você cheia de energia para todas as situações. Ativam seu poder de concentração. Seu lado intuitivo também pode ser ativado. A dica é usar perfumes extraídos de flores brancas.

Sagitário

O entusiasmo que costuma guiar os seus passos tem completa sintonia com o aroma da flor de laranjeira. Essência de manjerona também possui essa finalidade. Reforça a sua fé nas boas oportunidades da vida. Nas horas em que precisar ser mais prática e realista prefira usar calandre.

Capricórnio

Madeira e café são os perfumes que exalam características da personalidade capricorniana. Aumentam a concentração, a perseverança e a vontade de concretizar os ideais. Para cultivar valores sentimentais e atrair vibrações de ternura nas relações pessoais aposte no aroma das acácias.

Aquário

Canela é o aroma que vai estimular o seu lado mais sociável, atraindo muitas amizades. Perfumes à base de maçã verde também estão associados ao seu signo uma vez que simbolizam fraternidade e sucesso coletivo. Para receber o merecido descanso a dica é o cheirinho da erva doce.

Peixes

Para a sensitiva pisciana nada melhor do que um perfume que abra seus canais de percepção: essência de rosa branca. Outras essências como lótus, lírio do vale e olíbano são indicados para o seu signo uma vez que atraem proteção espiritual e trazem suavidade para seu dia a dia.

Banhos de descarga

O banho de descarga, assim como a defumação, é um descarregamento dos fluídos pesados de uma pessoa que pode estar infectada com larvas astrais, miomas, olho grosso, inveja, perturbação espiritual, caminhos fechados. Ou, até mesmo estar sendo receptiva a algum trabalho realizado por pessoas que usam determinadas religiões para fins maldosos. Não são apenas os banhos de ervas usados para descarga. Há outros que são fortes descarregadores de fluidos negativos. Banho de mar, de cachoeira, de chuva, de rio, banho com essências liquidas e com metais como pó de ouro, pó de prata, pó de bronze etc.

O banho de descarga com ervas deve ser tomado após o banho higiênico. Feito, de preferência, com sabão da costa ou sabão neutro para limpeza do corpo. O banho de descarga nunca deve ser jogado no corpo brutalmente. Sim, suavemente do pescoço para baixo. E com o pensamento voltado para as entidades que vibram nas ervas ali contidas e, se possível, com um canto, reza ou prece de sua preferência. Caso a pessoa seja feita na religião com ervas, o pensamento pode ser em forma de prece, pedindo ao povo das ervas tudo de bom.

As misturas e a maceração das ervas certas produzirão um odor que se fixará no corpo da pessoa eliminando energias negativas e atraindo as positivas. Cuidado com as misturas das ervas para não causar efeito contrário. Os banhos podem ser tomados uma vez por semana, dependendo da necessidade de cada um.

Existem diversas categorias de banhos com usos e finalidades definidas. O processo empregado é quase sempre a maceração manual das ervas em água normal ou em fusão em água quente e depois a maceração. (Se optar por este processo, nunca use água fervendo. Pode anular os elementos químicos das ervas. Use água chiada como se fosse para chimarrão).

Preparação do banho

Colha as ervas pela manhã, bem cedo. Depois de lavadas, coloque em um recipiente adicionando dois ou três litros de água pura (chuva, rio, poço ou mineral sem gás). Após macerar com as mãos use uma pedra áspera para ralar e tirar melhor aproveitamento das ervas. Deixe-as algumas horas em fusão. Depois coe e está pronto o banho. Se preferir pela fusão em água quente, coloque as ervas lavadas em um recipiente e adicione água quente (nunca fervida). Espere esfriar, macere com as mãos e com uma pedra áspera. Depois coe com um pano limpo ou tela fina e está pronto o banho. Como na defumação, o banho de ervas tem que obedecer algumas regras:

- Sempre que o banho for para limpeza e descarregamento deve conter um número ímpar de ervas.
- Sempre que o banho for para atrair coisas boas deve conter um número par de ervas.

Neste banho, pode ser acrescentado mel e perfume a gosto (depois do banho pronto e coado). No caso do banho direcionado a um determinado guia, entidade ou protetor, a preparação deverá obter um número de ervas correspondente à entidade. E pode ser despachado no local mais adequado à entidade destinada. Depois de coado o banho, você pode aumentar com água pura e dividi-lo em quantos banhos desejar, obedecendo sempre a seguinte ordem:

- Banho de limpeza e descarregamento: nº. de banhos a serem tomados: 1, 3, 5, 7 consecutivos.
- Banhos para atrair coisas boas: nº. de banhos a serem tomados: 2, 4, 6, 8 consecutivos.

Para tomar o banho de descarga, esteja com o corpo limpo (banho higiênico). Acenda uma vela vermelha. Se preferir, direcione-a a um cigano de sua preferência. Acenda um incenso de sua preferência ou um adequado ao determinado tipo de banho que você vai fazer. Após o banho, deixe a vela e o incenso queimarem até o final. Por fim, jogue os resíduos no verde. Coloque uma bacia ou recipiente grande com alguns pedaços de carvão dentro. O mesmo, devido ao elemento carbono, fixa as cargas negativas que as ervas deslocam do corpo etérico da pessoa. Em seguida, entre no recipiente e comece a jogar o banho, que deve estar num recipiente pequeno para fácil manuseio. Jogue o banho do pescoço para baixo usando uma das mãos. Feito isso, seque-se usando somente as mãos passando-as pelo corpo todo (sem toalha), e coloque as roupas. Em seguida, despache o banho num local apropriado. Banho para limpeza e descarrego devem ser despachados na rua, de preferência num verde. Banho para atrair coisas boas deve ser despachado no pátio.

Os resíduos das ervas podem ser despachados junto com o banho. Se preferir, coloque-os para secar no sol durante alguns dias. Depois os use em forma de defumação, obedecendo a uma mesma regra.

Os resíduos para a defumação de limpeza e descarrego devem ser despachados na rua. E os da defumação para atrair coisas boas, no pátio. O dia mais indicado para começar os banhos é segunda-

-feira. Obedeça a todas as regras, rigorosamente. Caso contrário, não terá um bom resultado.

Casa

Caso deseje você pode usar qualquer tipo de banho na sua residência ou estabelecimento comercial. E da mesma forma que é feita uma defumação. Para banho de limpeza e descarrego, passe um pano úmido com o banho enrolado numa vassoura ou rodo, da porta dos fundos para a porta da frente e despache na rua.

Para banho de atrair coisas boas, passe um pano úmido no banho, enrolado numa vassoura ou rodo, da porta da frente para os fundos. Despache no pátio. Cante na hora do ritual um dos pontos mencionados ou faça uma prece de sua escolha.

Alguns tipos de banhos energéticos revitalizantes descargas

Banho com essência de alfazema

Esse banho de essência tem suas características muito pessoais. Sabe-se do seu efeito para melhorar o astral, o mental e o espiritual. Para o sexo masculino a alfazema é bastante indicada. Melhora os relacionamentos afetivos. Para o sexo feminino ainda é melhor. Atrai as pessoas do sexo masculino. Cria grande afeição.

A alfazema também é recomendada para crianças menores de sete anos.

Obs.: deve ser tomado na Lua Nova ou Crescente.

Banho essência de alecrim

O alecrim é muito usado para repelir pessoas do sexo feminino e atrair pessoas do sexo masculino. Seus efeitos são satisfatórios

para casos de doenças incuráveis ou ocultas. Também muito indicado para banhar crianças com menos de sete anos. Seu poder de concentração benéfica é fabuloso e há muito tempo reconhecido.
Obs.: deve ser tomado sob qualquer Lua. Menos na Minguante.

Banho com essência de Arruda

Excelente purificador energético. Limpa o corpo e promove defesa psíquica. Dissolve elementos densos e negativos, trazendo consciência de potenciais. Repele doenças, inveja, olho grande, feitiços. Elimina a parte negativa.
Obs.: deve ser tomado na Lua Minguante.

Banho com essência de Canela

Ótimo estimulante. Favorece ganhos e obtenção de bens materiais, mediante sorte e muita clientela. Traz fartura.
Obs.: deve ser tomado na Lua Nova ou Crescente.

Banho com essência de Camomila

Possui efeito calmante. Desperta sentimento nobre. Desenvolve poder psíquico. No corpo, atrai amor. Nas mãos, dinheiro rápido.
Obs.: deve ser tomado sob qualquer Lua. Menos na Minguante.

Banho com essência de Jasmim

Purifica os corpos doentes. Afasta discórdias e devolve a paz. Conhecido como "enfeitiçador de homens". Atrai bons negócios.
Obs.: pode ser tomado sob qualquer Lua.

Banho com essência de Cravo-da-índia

Limpa e repele inveja e olho grande. Conjugando a canela, atrai o ser amado. Trás prosperidade e ganhos materiais.
Obs.: deve ser tomado sob qualquer Lua. Menos na Minguante.

Banho com essência de erva-doce

À noite é um grande purificador de consciência. Induz sonhos que levam à resolução de problemas difíceis de serem resolvidos.

Obs.: deve ser tomado sob qualquer Lua. Menos na Minguante.

Banho com essência de Rosas

Todas as rosas atraem amor, paixão, beleza e juventude. À noite propicia sonhos proféticos com o ser amado.

Obs.: deve ser tomado sob qualquer Lua. Menos na Minguante.

Banho com essência de Sete Ervas

Extremamente libertador, purifica e protege. Repele assaltos e outras violências. Desinfeta larvas astrais, miomas, olho grosso, inveja, feitiços. Todas as coisas ruins que a pessoa esteja sendo receptiva.

Obs.: deve ser tomado na Lua Minguante.

Banho de anil

Este banho é considerado pelos antigos como banho de Iemanjá, Banho de Mar. Pode ser feito só com anil. Ou, se preferir, acrescente mel ou perfume a gosto. É muito eficaz para clarear todo tipo de problema.

- Anil em pedra: mergulhe o anil até a água ficar azul clara.
- Anil líquido: pingue anil até a água ficar azul clara.

Obs.: deve ser tomado sob qualquer Lua. Menos na Minguante.

Banho de sal grosso (descarga)

Por ser um elemento muito poderoso para descarga, pode ser usado sozinho. Ou em banhos de ervas para limpeza e descarrego.

Cuidado com o banho de sal. Tomado seguidamente enfraquece o espírito, desequilibra a imantação de defesa normal do corpo.
Obs.: deve ser tomado na Lua Minguante.

Banho de Orô

Considerada pelos antigos como o poder das sete ervas. Pode ser usada sozinha, como banho de descarrego.
Obs.: deve ser tomado na Lua Minguante.

Banhos para homens portadores de vícios como álcool, jogo etc.

- Alho macho (raiz ou folha)
- Um pedaço de fumo em rama
- Salsão (aipo)
- Arruda-macho
- Guiné
- Espada de São Jorge
- Hortelã

Obs.: deve ser tomado na Lua Minguante.

Se for mulher e portadora dos mesmos vícios

- Arruda-fêmea
- Espada de Santa Bárbara
- Hortelã
- Guiné
- Pétalas de rosas brancas ou vermelhas
- Manjericão
- Salsa da horta

Obs.: deve ser tomado na Lua Minguante.

Três dias após o banho, aplique outro banho de proteção. Serve para chamar o Anjo da Guarda para perto da pessoa.

- Arruda (macho – fêmea)
- Quebra-tudo
- Espada de São Jorge
- Alevante
- Guiné
- Comigo-ninguém-pode
- (pode acrescentar mel e perfume a gosto)

Obs.: deve ser tomado na Lua Nova ou Crescente.

Banho para problema de vícios

- Alho-macho
- Salsão ou salsa
- Arruda
- Guiné
- Espada de São Jorge
- Fumo em rolo ou desfiado
- Quebra-tudo

Obs.: deve ser tomado na Lua Minguante.

Banho para Sensualidade

- Açúcar mascavo
- Pétalas de rosa vermelha
- Alecrim
- Hortelã
- Mel
- Angélicas
- Algumas gotas de perfume de sua preferência

Obs.: deve ser tomado sob qualquer Lua. Menos na Minguante.

Banho para problemas de vícios
- Arruda-fêmea
- Arruda-macho
- Espada de São Jorge
- Guiné
- Folha de limão
- Alevante
- Comigo-ninguém-pode

Obs.: deve ser tomado na Lua Minguante.

Banho de limpeza antes de algum ritual
- Dois litros de água mineral sem gás ou filtrada
- Quatorze colheres de sopa de sal grosso
- Sete colheres de sopa de bicabornato de sódio

Obs.: deve ser tomado sob qualquer Lua. Menos na Minguante.

Banho de purificação
- Dois litros de água mineral sem gás ou filtrada
- Quatorze gotas de essência indicada para seu signo

Obs.: deve ser tomado preferencialmente na Lua Cheia. Nunca na Minguante.

Banho de frutas para afastar a negatividade
- Uma maçã
- Uma pêra
- Um melão
- Um mamão
- Uma moeda

Faça um suco, coando-o em um pano branco para uma bacia. Deixe-o reservado em casa, na bacia. Leve o pano com os bagaços das frutas para o mar ou riacho. Coloque tudo nas água e diga:

> *"Na força das águas da mãe natureza, estou descarregando toda a negatividade que me acompanhava."*

Ao voltar para casa, leve a bacia com o suco e a moeda a um lugar onde possa ver a Lua. Banhe-se com o suco do pescoço aos pés. Com os pés firmes no chão e com a moeda na mão deixe o banho cair no chão. Ao terminar de jogar o banho, olhe para a lua e diga:

> *"Estou energizado positivamente pelas forças da mãe natureza."*

Tome um banho sem sabonete. Guarde a moeda na carteira de modo que ninguém veja ou toque.
Obs.: *deve ser tomado preferencialmente na Lua Crescente. Nunca na Minguante.*

Banho para crianças agitadas até 14 anos

- Arruda-macho e fêmea (pouco)
- Folhas de laranjeira
- Um pouco de mel
- Hortelã
- (pode acrescentar mel e perfume a gosto)

Obs.: *deve ser tomado sob a Lua Nova.*

Banho de descarrego para criança até 14 anos (também usado como calmante)

- Sete balas de mel
- Pétalas de rosa branca
- Folha tapete de Oxalá
- Alevante
- Melissa

Obs.: *deve ser tomado sob a Lua Nova.*

Banho para crianças nervosas de até 14 anos
- Arruda-macho e fêmea (pouco)
- Manjericão
- Guiné
- Alecrim
- Rosa branca
- Mel
- (pode acrescentar mel e perfume a gosto)

Obs.: deve ser tomado sob a Lua Nova.

Banho para Crianças de até sete anos
- Vinte e uma folhas de laranjeiras
- Mel

Obs.: deve ser tomado sob qualquer Lua.

Banho de descarga
- Espada de Santa Bárbara
- Quebra-tudo ou quebra-inveja
- Guiné
- Alecrim
- Arruda-fêmea
- Erva-doce
- Comigo-ninguém-pode

Obs.: deve ser tomado sob a Lua Minguante.

Banho para fortalecer o Anjo da guarda
- Folha da laranjeira
- Folha de lima
- Mel
- Alecrim

Obs.: deve ser tomado sob qualquer Lua. Menos sob a Lua Minguante.

Banho energético
- Folha de eucalipto do mato
- Folha de eucalipto cidró do mato
- Folha de erva cidreira
- Folha de cidró
- (pode acrescentar mel e perfume a gosto)

Obs.: deve ser tomado sob qualquer Lua. Menos sob a Lua Minguante.

Banho contra magia maléfica
- Manjericão
- Anis
- Alfazema
- Alecrim
- Funcho
- Malva-cheirosa
- (pode acrescentar mel e perfume a gosto)

Obs.: deve ser tomado sob a Lua Minguante.

Banho para atrair felicidade
- Três litros de água mineral sem gás ou filtrada
- Rosas vermelhas
- Manjericão
- Rosas brancas
- Alecrim
- Perfume de sândalo

Obs.: deve ser tomado sob qualquer Lua. Menos sob a Lua Minguante. Preferencialmente em fusão com a água quente.

Banho de descarga
- Espada de São Jorge
- Espada de Santa Bárbara

- Lança de Ogum
- Arruda-macho
- Arruda-fêmea

Obs.: deve ser tomado sob a Lua Minguante.

Banho de limpeza

- Guiné
- Alecrim
- Sal grosso (pouco)

Obs.: deve ser tomado sob a Lua Minguante.

Banho de atração

- Dois litros de água mineral sem gás ou filtrada
- Erva-doce
- Louro
- Rosas vermelhas
- Rosas amarelas
- Rosas cor-de-rosa
- Essência de Almíscar

Obs.: deve ser tomado sob qualquer Lua. Menos sob a Lua Minguante. Preferencialmente em fusão com a água quente.

Banho energético

- Alecrim
- Manjericão
- Hortênsias
- Perfume de alfazema
- Jasmim
- Folha de laranjeira
- Aguapé
- Rosas brancas

- (pode acrescentar mel e perfume a gosto)

Obs.: deve ser tomado sob a Lua Nova ou Crescente.

Banho calmante
- Folha de melissa
- Erva doce
- Camomila
- Erva cidreira
- (pode acrescentar mel e perfume a gosto)

Obs.: deve ser tomado sob qualquer Lua. Menos sob a Lua Minguante.

Banho de sedução para homens
- Açúcar cristal ou mascavo
- Erva-doce
- Manjericão
- Cravo vermelho
- Essência de sândalo
- Dois litros de água mineral sem gás ou filtrada

Obs.: deve ser tomado sob a Lua Nova ou Minguante.

Banho energético
- Folha de comigo-ninguém-pode
- Hortelã
- Pitangueira
- Eucalipto
- (pode acrescentar mel e perfume a gosto)

Obs.: deve ser tomado sob a Lua Nova ou Minguante.

Banho para a prosperidade
- Dois litros de água mineral sem gás ou filtrada
- Açúcar mascavo

- Açúcar cristal
- Açúcar refinado
- Canela em casca
- Cravo da Índia
- Folha de louro
- Noz moscada ralada
- Dandá-da-costa ralada

Obs.: deve ser tomado sob qualquer Lua. Menos na Minguante.

Banho contra tudo

- Arruda-fêmea
- Arruda-macho
- Alecrim
- Alevante
- Comigo-ninguém-pode

Obs.: deve ser tomado sob a Lua Minguante.

Banho para vencer na justiça

- Quebra pedra
- Guiné
- Trevo
- Agrião
- Folha de bananeira
- Quebra inveja
- (pode acrescentar mel e perfume a gosto)

Obs.: deve ser tomado sob qualquer Lua. Menos na Minguante.

Banho para casas noturnas ou para as mulheres que as frequentam

- Manjerona
- Alecrim

- Dama da noite
- Chamarisco
- (pode acrescentar mel e perfume a gosto)

Obs.: *deve ser tomado sob qualquer Lua. Menos na Minguante.*

Banho contra demanda ou espíritos perturbadores

- Espada de São Jorge
- Comigo-ninguém-pode
- Quebra-tudo
- Alevante
- Guiné
- Arruda
- Cambuí

Obs.: *deve ser tomado sob a Lua Minguante.*

Banho para vencer demanda na justiça

- Folha da bananeira
- Quebra-tudo
- Folha do coqueiro
- Alecrim
- (pode acrescentar mel e perfume a gosto)

Obs.: *deve ser tomado sob qualquer Lua. Menos na Minguante.*

Banho para atrair paixões

- Casca de maçã
- Casca de bergamota seca e ralada
- Pétalas de rosas
- Perfume de almíscar
- (pode acrescentar mel e perfume a gosto)

Obs.: *deve ser tomado sob qualquer Lua. Menos na Minguante.*

Banho para descarrego masculino
- Um litro de cachaça
- Um pacote de fumo desfiado ou fumo em ramo
- Alevante

Obs.: rale a erva e o fumo na cachaça. Deixe um pouco em fusão. Coe e acrescente um pouco de água (não pode ser usado por pessoas iniciadas ou feitas na nação africana). Deve ser tomado sob a Lua Minguante.

Banho de descarrego feminino
- Um champanhe
- Um pacote de fumo desfiado ou fumo em ramo
- Alevante

Obs.: rale a erva e o fumo no champanhe. Deixe um pouco em fusão. Coe e acrescente um pouco de água. Está pronto o banho (não pode ser usado por pessoas iniciadas ou feitas na nação africana). Deve ser tomado sob a Lua Minguante.

Banho de proteção e revitalização da pessoa
- Espada de São Jorge
- Espada de Santa Bárbara
- Folha de laranjeira
- Folha de limoeiro
- Folha ou casca de limão galego
- Folha de cidreira
- Folha de cidró
- Rosas brancas
- (pode acrescentar mel e perfume a gosto)

Obs.: deve ser tomado sob qualquer Lua. Menos na Minguante.

Banho de descarga após visitar o Cemitério
- Uma pitada de sal grosso
- Folha de marmelo
- Pitangueira
- Aroeira
- Cambuí

Obs.: deve ser tomado sob a Lua Minguante.

Banho para obter sorte na vida
- Cambuí
- Arruda-macho
- Arruda-fêmea
- Malva-cheirosa
- Folha de fortuna
- Girassol
- Alevante
- Quebra-tudo
- Comigo-ninguém-pode
- Funcho
- (pode acrescentar mel e perfume a gosto)

Obs.: deve ser tomado sob qualquer Lua. Menos na Minguante.

Banho para afastar espíritos obsessores
- Pitangueira
- Folha de marmelo
- Alevante
- Cambuí
- Comigo-ninguém-pode

Obs.: deve ser tomado sob a Lua Minguante.

Banho para livrar-se de inimigos
- Arruda
- Guiné
- Perfume de alfazema
- Açúcar mascavo
- Urtiga
- Eucalipto do mato
- Aipo

Obs.: deve ser tomado sob a Lua Minguante.

Banho revitalizante
- Melissa
- Folha de laranjeira do céu ou da terra
- Malva-cheirosa
- Manjericão
- Funcho
- Anis

Obs.: deve ser tomado sob qualquer Lua. Menos na Minguante.

Banho contra espírito perturbador
- Pitangueira
- Aroeira
- Arruda-macho
- Folha de marmelo
- Folha de figueira

Obs.: deve ser tomado sob a Lua Minguante.

Banho energético
- Folha de cacau
- Folha do fumo ou fumo em ramo

- Alevante
- Cominho em pó
- Manjerona
- Manjericão
- (pode acrescentar mel e perfume a gosto)

Obs.: deve ser tomado sob a Lua Nova ou Minguante.

Banho de limpeza e descarrego

- Arnica
- Amendoim (folha)
- Couve
- Carqueja
- Arruda-macho ou fêmea

Obs.: deve ser tomado sob a Lua Minguante.

Banho para subir na vida

- Semente de girassol
- Alevante
- Folha da fortuna
- Dinheirinho em penca
- Folha de dólar
- Escadinha do céu
- Louro
- Cidreira
- (pode acrescentar mel e perfume a gosto)

Obs.: deve ser tomado sob a Lua Nova ou Crescente.

Banho para atrair dinheiro (negócios)

- Cravo
- Canela
- Cana de açúcar

- Noz moscada
- Fortuna
- Folha de louro
- Folha de limão galego
- Folha de pitangueira
- (pode acrescentar mel e perfume a gosto)

Obs.: deve ser tomado sob a Lua Nova ou Crescente.

Banho contra inveja

- Espada de São Jorge
- Comigo-ninguém-pode
- Arruda-macho (se for homem). Ou fêmea (se for mulher)
- Cambuí
- Sete rodelas de charuto
- Sal grosso (pouco)

Obs.: deve ser tomado sob a Lua Minguante.

Banho para abrir todos os caminhos

- Louro
- Cedro
- Alfazema
- Salvia em pó
- Cominho em pó
- Aroeira
- Cravo da Índia

Obs.: deve ser tomado sob a Lua Nova ou Crescente.

Banho para fortalecer Anjo da Guarda

- Folha de laranjeira
- Folha de lima
- Folha de bergamota

- Escadinha do céu
- (pode acrescentar mel e perfume a gosto)

Obs.: deve ser tomado sob a Lua Nova ou Crescente.

Banho revitalizante

- Jasmim
- Lírio do campo ou jardim
- Erva-cidreira
- Salsa da horta
- Pétalas de rosas amarelas
- Manjericão
- Aguapé
- Anis
- (pode acrescentar mel e perfume a gosto)

Obs.: deve ser tomado sob a Lua Nova ou Crescente.

Banhos dos Signos

Áries

- Manjericão
- Palma de Santa Rita
- Pétalas de Girassol
- Rosas brancas
- Folhas de cipreste
- Cravo da Índia

Touro

- Alevante
- Açucena
- Rosas brancas

- Flor de laranjeira
- Açúcar mascavo
- Malva-cheirosa
- Casca de maçã

Gêmeos
- Folha de Louro
- Lírio do campo
- Alecrim
- Eucalipto
- Crisântemo
- Erva-doce

Câncer
- Malva-cheirosa
- Arruda
- Dália
- Malva-branca
- Rosa amarela
- Manjericão

Leão
- Laranjeira
- Rosas brancas
- Alevante
- Violetas
- Girassol

Virgem
- Sabugueiro
- Cravos brancos

- Guiné
- Rosas vermelhas
- Manjericão

Libra
- Cânfora
- Folha de limão
- Folha de macieira
- Lírio do campo
- Canela em casca

Escorpião
- Guiné
- Dália
- Amor-perfeito
- Comigo-ninguém-pode
- Cordão de frade
- Canela em casca

Sagitário
- Cravo amarelo
- Espada de São Jorge
- Cipó-caboclo
- Erva-doce

Capricórnio
- Arruda-macho e fêmea
- Eucalipto
- Cravos brancos
- Aroeira
- Dandá-da-costa ralada

Aquário
- Salgueiro
- Margarida
- Arrebenta-cavalo
- Folha de bambu
- Hortelã miúda

Peixes
- Rosas brancas
- Folhas de manga
- Guiné
- Laranjeira
- Amor-perfeito
- Erva-doce

Obs.: *Para alguma erva não encontrada, a substituição pode ser pelo Orô ou Alevante. Neste caso, ambas podem ser adicionadas em qualquer banho. E se o banho for para alguma determinada entidade, pode ser colocado o número de sete ervas. Todos os banhos dos signos devem ser tomados sob qualquer Lua. Menos sob a Lua Minguante.*

Banhos com Essências dos Signos

Áries: Madeira do Oriente
Touro: Maçã verde
Gêmeos: Lavanda
Câncer: Ópium
Leão: Jasmim
Virgem: Rosas
Libra: Morango

Escorpião: Canela
Sagitário: Almíscar
Capricórnio: Floral
Aquário: Hamanélis
Peixes: Sândalo

Obs.: Use apenas a essência escolhida com água mineral sem gás ou filtrada. O banho deve ser tomado do pescoço para baixo. E devem ser tomados sob qualquer Lua. Menos sob a Lua Minguante.

Defumações

A Defumação, ou defumador como é conhecida, ainda é um dos métodos usados em muitas religiões. Pode ser encontrada em várias formas: cônica, piramidal, varetas, bastão, em pó e ervas e raízes secas. São divididas em combustíveis e não-combustíveis. Ou seja: aquelas que queimam sozinhas e as que precisam de carvão para ser queimadas. Tanto uma como a outra são preparadas com um ou mais elementos. Ex.: Folhas, cascas, flores, frutos, raízes, cereais, especiarias, sementes, óleos e essências. A combinação e a queima de certos elementos podem eliminar energias negativas do corpo da pessoa e fixar energias positivas. Tenha muito cuidado ao prepará-las. Nem sempre as combinações dos elementos dão um bom resultado. Por isso, antes de misturar qualquer elemento, conheça a potência ou finalidade de cada uma.

As defumações têm várias finalidades como: eliminar energia negativa, harmonizar o ambiente, atrair sorte, aumentar a concentração, facilitar a meditação, fixar energia positiva, atrair dinheiro, amor, eliminar miasmas e larvas astrais etc.

Sempre que fizer alguns tipos de defumação, observe:

- Toda defumação queimada em sua casa deve ser acompanhada, no primeiro momento, com um canto, oração, reza ou prece apropriado à sua finalidade. Isso ajuda ainda mais a ação.

- Defumação para atrair coisas boas deve ser usada em um copo de água doce e uma vela branca, acesa atrás da porta. Estes devem ser despachados em um local, de preferência, verde, dentro do pátio, apenas após 24h. Os resíduos devem ser despachados após o término da defumação, no mesmo local (pátio). Se preferir, direcione a vela a um cigano de sua preferência.
- Caso não possa despachar os resíduos após o ritual, deixe-os junto à porta para serem despachados no dia seguinte com a água do copo.
- Defumação para limpeza e descarrego. Use um copo de água com sal (de preferência sal grosso) atrás da porta. Despache em um local verde. E só após 24h. Os resíduos devem ser despachados após o término da defumação no mesmo local (rua).
- Caso não possa despachar os resíduos após o ritual, deixe-os junto à porta para serem despachados no outro dia com a água do copo.
- Sempre que for feita uma defumação para atrair coisas boas, use a quantidade de ervas ou elementos em número par. Ex.: 2, 4, 6, 8, 10, 12...

Sempre que for feita uma defumação para limpeza e descarrego, o número de ervas ou elementos a serem usados é impar. Ex.: 3, 5, 7, 9, 11... A não ser quando a defumação for direcionada a um determinado Guia, Entidade ou Orixá. Aí obedeça ao número de ervas correspondentes àquelas entidades. E pode ser despachada no local mais apropriado à entidade. A mistura das ervas pode ser feita em grandes quantidades para ser utilizada no decorrer do tempo. Porém, guarde-as em um recipiente com tampa, ao abrigo da luz. Os dias mais apropriados para o uso da defumação são segunda-feira e sexta-feira. De preferência às 18h. Ou no horário em que mais se adequar.

Quando fizer uma defumação a fim de atrair coisas boas, comece pela porta da frente e termine pela porta dos fundos. Quando fizer uma defumação de limpeza e descarrego, comece pela porta dos fundos e termine pela porta da frente. Faça-o com fé, confiança e convicção.

Alguns tipos de defumações

Defumação de Incenso

O incenso é um dos perfumes místicos por excelência. Pode ser queimado em qualquer ritual, inclusive sozinho. É o perfume da redenção de nosso senhor e da glória de nossa senhora. É o perfume dos anjos. Com ele, podem ser invocadas as mais altas entidades da aruanda.

Obs.: Pode ser feita sob qualquer Lua. Menos sob a Lua Minguante.

Defumação de Benjoim

O benjoim é o perfume dos intelectuais. O perfume da inspiração dos poetas, dos escritores, dos trabalhos mentais e artísticos. É o perfume dos filhos de Xangô. Associado ao incenso também é o perfume de Cosme e Damião. Pode ser queimado sozinho ou associado ao incenso. Juntos têm o poder de inspirar as pessoas a mentalizarem coisas que desejam.

Obs.: Pode ser feita sob qualquer Lua. Menos sob a Lua Minguante.

Defumação de Mirra

Sempre evitamos o uso de mirra em nossas defumações. Este perfume representa a vida e a morte terrena. Deve ser usada em defumações especiais, nos rituais do primeiro batismo e nos rituais de pompas fúnebres. Aqueles que trabalham com a linha das almas a usam muito.

Nunca adicione incenso, mirra e benjoim em qualquer defumação de ervas. São condenadas as defumações que contêm incenso, mirra e benjoim juntos. Os três perfumes, a não ser nas defumações especiais, devem ser queimados isoladamente.

Obs.: Deve ser feita sob a Lua Minguante.

Defumação do Orô

Considerada pelos antigos como uma planta que contém um poder de sete ervas. Pode ser queimada sozinha em defumação, como defumação de descarrego.

Obs.: Deve ser feita sob a Lua Minguante.

Defumação de Enxofre

O enxofre misturado com algumas pitadas de sal grosso é uma defumação poderosa contra espíritos, feitiços e larvas astrais. Tome cuidado ao fazê-la. Essa defumação contém um cheiro muito forte. E, não se impressione: a defumação não causa fumaça.

Obs.: Deve ser feita sob a Lua Minguante.

Defumação para limpeza e descarrego

- Alevante
- Casca de alho
- Casca de cebola
- Hortelã-pimenta
- Mirra
- Folha de marmelo
- Comigo-ninguém-pode

Obs.: Deve ser feita sob a Lua Minguante.

Defumação para vencer algo que deseja

- Espada de São Jorge
- Lança de São Jorge
- Alevante

- Guiné-caboclo
- Arruda (macho – fêmea)
- Cidró
- Espada de Santa Bárbara

Obs.: Deve ser feita sob a Lua Nova ou Crescente.

Defumação para problemas com a justiça

- Quebra-tudo
- Quebra-pedra
- Alevante
- Anis
- Erva-doce
- Folha de bananeira

Obs.: Deve ser feita sob a Lua Nova ou Crescente.

Defumação para atrair o seu amor

- Manjericão
- Manjerona
- Alecrim
- Malva-cheirosa
- Anis
- Pétalas de rosas

Obs.: Deve ser feita sob a Lua Nova ou Crescente.

Defumação para abrir caminhos

- Quebra-tudo
- Alfazema
- Espada de Santa Bárbara
- Pitangueira
- Folha de marmelo
- Alevante

- Folha de Cambuí

Obs.: Deve ser feita sob qualquer Lua. Menos sob a Lua Minguante.

Defumação para atrair sorte

- Manjericão
- Semente de girassol
- Alecrim
- Fortuna
- Folha de coqueiro
- Folha de cidró

Obs.: Deve ser feita sob qualquer Lua. Menos sob a Lua Minguante.

Defumação energética

- Casca da laranja seca ralada
- Casca de um limão galego seco ralado
- Casca de pêssego seco
- Eucalipto cidró
- Eucalipto do mato
- Canela em pó ou casca
- Cravo da Índia
- Semente de girassol

Obs.: Deve ser feita sob a Lua Nova ou Crescente.

Defumação revitalizante

- Erva-cidreira
- Cidró
- Funcho
- Malva-cheirosa
- Hortelã
- Alevante

Obs.: Deve ser feita sob a Lua Nova ou Crescente.

Defumação de descarrego espiritual
- Cominho em pó
- Açúcar mascavo ou cana de açúcar
- Fumo desfiado ou pitangueira
- Mirra
- Incenso
- Alecrim
- Arruda (macho – fêmea)

Obs.: Deve ser feita sob a Lua Minguante.

Defumação para o dinheiro
- Erva-doce
- Fortuna
- Breu
- Semente de girassol
- Noz moscada ralada
- Pão adormecido (velho) ralado
- Louro
- Pitangueira
- Canela em pó
- Cravo da Índia

Obs.: Deve ser feita sob qualquer Lua. Menos sob a Lua Minguante.

Defumação para afastar espíritos de dentro de casa
- Benjoim
- Incenso
- Mirra
- Enxofre
- Casca de alho (ou palha)
- Café em pó virgem
- Alecrim

- Pitangueira
- Folha de marmelo

Obs.: Deve ser feita sob a Lua Minguante.

Defumação para crescer profissionalmente

- Louro
- Cominho em pó
- Noz moscada
- Arroz com casca
- Flor copo-de-leite
- Malva cheirosa
- Manjericão
- Incenso

Obs.: Deve ser feita sob a Lua Nova ou Crescente.

Defumação para usar após o falecimento de alguém

- Enxofre
- Mirra
- Alfazema
- Casca de cebola
- Casca de alho (ou palha)
- Incenso
- Benjoim

Obs.: Deve ser feita sob a Lua Minguante.

Defumação para casa comercial (negócios)

- Funcho
- Cravo da Índia
- Semente de girassol
- Louro
- Folha de romã

- Noz moscada ralada
- Canela em pó
- Breu

Obs.: *Deve ser feita sob qualquer Lua. Menos sob a Lua Minguante.*

Defumação para casas noturnas ou para mulheres que as frequentam

- Pétalas de rosas vermelhas
- Dama da noite
- Chamarisco
- Manjerona
- Manjericão
- Malva-cheirosa
- Alecrim
- Alevante

Obs.: *Deve ser feita sob qualquer Lua. Menos sob a Lua Minguante.*

Defumação para arrumar emprego

- Noz moscada
- Pão adormecido ralado
- Farinha de milho
- Dinheirinho em penca
- Folha da fortuna
- Canela
- Cravo da Índia
- Café em pó virgem

Obs.: *Deve ser feita sob a Lua Nova ou Lua Crescente.*

Defumação para o amor

- Alecrim
- Alfazema

- Jasmim
- Sândalo
- Rosas vermelhas
- Funcho
- Folha de bergamota
- Cacau
- Hortelã
- Anis

Obs.: Deve ser feita sob qualquer Lua. Menos sob a Lua Minguante.

Defumação para atrair energias positivas

- Hortênsias
- Malva-cheirosa
- Pitangueira
- Noz moscada
- Violeta
- Verbena
- Anis
- Manjericão

Obs.: Deve ser feita sob qualquer Lua. Menos sob a Lua Minguante.

Defumação para união

- Alecrim
- Jasmim
- Arnica
- Flor Copo de leite
- Manjerona
- Cidreira
- Cidró
- Funcho

Obs.: Deve ser feita sob qualquer Lua. Menos sob a Lua Minguante.

Defumação para crianças
- Folha de agrião
- Cravo da Índia
- Folha de quiabo
- Guiné-pipiu
- Cacau
- Folha de moranguinho
- Folha de romã

Obs.: Deve ser feita sob a Lua Nova.

Defumação destranca-tudo
- Guiné de guampa
- Barba de milho
- Fumo em rolo desfiado
- Arruda (macho – fêmea)
- Cana de açúcar ou bagaço
- Casca ou palha de alho
- Café em pó virgem

Obs.: Deve ser feita sob a Lua Minguante.

Defumação contra olho grande
- Sal grosso
- Comigo-ninguém-pode
- Quebra-inveja
- Guiné
- Cambuí
- Folha de figueira
- Arruda (macho – fêmea)

Obs.: Deve ser feita sob a Lua Minguante.

Defumação Caseira
- Café em pó
- Açúcar cristal
- Casca de cebola
- Casca de alho
- Cravo
- Canela

Obs.: *Deve ser feita sob qualquer Lua. Menos sob a Lua Minguante.*

Defumações dos signos

Áries
- Casca de maçã
- Canela em pó
- Açúcar mascavo

Touro
- Manjericão
- Pó de sândalo
- Açúcar mascavo

Gêmeos
- Canela em pó
- Louro
- Açúcar mascavo

Câncer
- Cravo da Índia
- Erva doce
- Louro
- Açúcar cristal

Leão
- Dandá-da-costa
- Semente de girassol
- Arroz com casca
- Açúcar mascavo

Virgem
- Canela em pó
- Louro
- Açúcar cristal

Libra
- Casca de maçã
- Fava de pichuri ralada
- Açúcar mascavo

Escorpião
- Folha de canela
- Tremoço socado
- Açúcar cristal

Sagitário
- Anis estrelado
- Trigo
- Capim limão
- Açúcar cristal

Capricórnio
- Noz moscada em pó
- Açúcar mascavo

Aquário
- Canela em pau
- Açúcar mascavo

Peixes
- Benjoim
- Canela em pó
- Louro
- Açúcar mascavo

Obs.: *Para alguma erva não encontrada, a substituição pode ser pelo Orô ou Alevante. Neste caso, ambas podem ser adicionadas em qualquer defumação. E se a defumação for para alguma determinada entidade, pode ser colocado o número de sete ervas. Todas as defumação dos signos devem ser tomadas sob qualquer Lua, menos sob a Lua Minguante.*

Rituais, trabalhos, magias, oferendas e encantamentos

Os ciganos acreditam muito nas forças da natureza. Para eles, os banhos, defumações, rituais, trabalhos, magias, oferendas e encantamentos, são métodos que você pode usar sempre que desejar ativar as forças da natureza. Ou as forças das entidades do Povo Cigano. Para ativar uma dessas forças, você deve ter o máximo de cuidado com o que vai oferendar, aonde oferendar e para quem oferendar. Uma oferenda certa num local ou entidade errada, ou vice e versa, pode não causar efeito algum. Ou até mesmo efeito contrário.

Portanto, tenha o máximo de cuidado com as oferendas e com os pedidos que vai fazer. Eles podem ser atendidos.

As fórmulas contidas aqui são um dos métodos mais práticos de ativar forças da natureza, energias positivas, fé, confiança em si próprio e convicção de que irá conseguir algo que deseja. Tais fórmulas são feitas em vários pontos de força como mar, rio de água doce, mata, pedreira, cruzeiro, cemitério, beira de estrada, locais movimentados etc. Podem ser consideradas uma forma de ativar alguma força da natureza que existe dentro de nós.

Uma oferenda pode ser bem simples ou bastante farta. Produzirá o mesmo efeito. O importante é fazê-la com amor, fé e confiança. Pessoas quando perdem alguma coisa dentro de casa oferecem um cigarro ao Negrinho do Pastoreio. Isso faz com que ele ajude a encontrar o objeto perdido. Já outras antes de ingerir bebida alcoólica oferecem um pouquinho ao santo. Serve para que não falte nada. Algumas outras pessoas oferecem uma novena. Outras mais uma vela a um determinado santo ou anjo da guarda. Alguns Babalorixás ou caciques de terreiros oferecem uma grande festa ao seu Guia ou Orixá. Também aos convidados que irão participar. Os ciganos vivem fazendo festas. Acreditam que assim sempre atrairão coisas boas.

Sempre terá alguém oferecendo alguma coisa em algum lugar. Em diversos estados e países há pessoas de diferentes crenças religiosas oferecendo algo conforme a crença e lugar em que vivem. Todas terão bons resultados. Experimente. É dando que se recebe. É ofertando que se é ofertado. É plantando que se colhe.

Tenha cuidado com o que pedirá durante a oferenda. A semeadura é livre. A colheita obrigatória.

Obs.: Todas as oferendas, trabalhos, rituais, magias e encantamentos ciganos devem ser passadas no corpo a quem se destina.

Para unir um casal

- Uma maçã
- Três fitas bebê (vermelha, amarela e azul)
- Uma tigela branca de louça
- Nomes dos amantes
- Mel

Abra a maçã ao meio, tire o miolo e coloque os nomes dentro, um em cada parte. Coloque um pouco de mel, una as partes e amarre com fitas. Ponha na tigela e cubra com o mel. Cubra tudo com algodão e acenda uma vela sete dias sete cores, ou sete velas coloridas, menos de cor preta. Acenda um incenso para o amor e ofereça aos ciganos Artêmio e Damira, ou os de sua preferência. Faça os pedidos sob a Lua Nova.

Obs.: Se não possuir um altar cigano, faça tudo e leve num lugar adequado (mato, beira de rio, campo, estrada etc.). Evite os olhos de pessoas curiosas.

Para abrir caminhos

- Uma maçã
- Uma manga
- Uma rosa vermelha
- Um cravo vermelho
- Três velas vermelhas
- Canela em pó
- Açúcar mascavo
- Cravo
- Três incensos (canela, cravo e rosa vermelha)
- Uma bandeja de papelão
- Uma folha de papel de seda vermelha

Forre a bandeja enfeitando-a com papel de seda. Coloque maçã, manga, rosa e cravo na bandeja. Pulverize com canela, cravo e açúcar mascavo. Acenda as velas e os incensos, um do lado do outro (uma vela e um incenso) em forma de triângulo. Deixe a bandeja no centro e ofereça aos ciganos Gonçalo e Ismênia, ou os de sua preferência. Faça os pedidos sob a Lua Crescente.

Obs.: Se não possuir um altar cigano, faça tudo e leve a um lugar adequado (mato, beira de rio, campo, estrada etc.). Evite os olhos de pessoas curiosas.

Para conseguir um bom casamento

- Um litro de vinho
- Duas taças (vidro ou de cristal)
- Duas fatias de pão

- Um punhado de sal (duas colheres de café)
- Um punhal representativo (plástico ou madeira)
- Um lenço azul
- Um lenço vermelho
- Um par de alianças
- Uma bandeja
- Uma vela azul
- Uma vela vermelha
- Um papel de seda branco
- Um incenso de rosa vermelha – rosa chá ou mel

Forre a bandeja enfeitando-a com papel de seda. Coloque pão, sal, punhal, os lenços e as alianças na bandeja. Sirva um pouco de vinho em cada taça, colocando-as uma ao lado da outra. Acenda as velas e o incenso e ofereça aos ciganos Josepe e Lindara, ou os de sua preferência. Faça os pedidos sob a Lua Nova.

Obs.: Se não possuir um altar cigano, faça tudo e leve a um lugar adequado (mato, beira de rio, campo, estrada etc.). Evite os olhos de pessoas curiosas.

Breve contra feitiços e magias negras

- Sete diferentes tipos de ervas amargas ou de descarga
- Sete pimentas da Costa
- Um tecido vermelho 3x6

Junte duas folhas de sete diferentes ervas, amarga ou de descarga e sete pimentas da Costa. Dobre ao meio e costure o tecido vermelho dos dois lados. Coloque tudo dentro. Feche o terceiro lado numa segunda-feira e vá a uma igreja. Passe-o na água benta e depois aos pés da maior quantidade de imagens de Santos. Use na carteira, no carro ou próximo ao corpo.

Conseguir um emprego melhor

- Uma tigela de louça branca ou transparente
- 100g de arroz com casca
- 100g de lentilha
- Sete moedas
- Mel
- Farinha crua (mandioca ou milho)
- Uma vela amarela
- Incenso de café ou noz-moscada

Ponha a farinha misturada com o mel na tigela. Misture o arroz e a lentilha e coloque-os em cima da farinha. Enfeite-a com as moedas. Deixe tudo num local alto apropriado até conseguir um emprego. Procure acender uma vela e um incenso ao lado da tigela e ofereça ao cigano Manolo, ou o de sua preferência. Faça o pedido. Faça sob a Lua Crescente. Ao conseguir o seu objetivo, despache tudo na frente de um banco ou casa comercial.

Obs.: Se possuir um altar cigano deixe-o ali.

Para manter o seu amor

- Duas maçãs
- Mel
- Açúcar cristal
- Azeite de oliva
- Canela cm pó
- Essência de Baunilha
- Bandeja prateada
- Duas velas (rosa e azul)
- Três fitas (azul – rosa – vermelho)
- Incensos (mel ou gardênia)

Abra as maçãs ao meio. Coloque o seu nome e o dele nas duas maçãs. Amarre uma com a fita azul e a outra com a fita rosa, e as duas com a fita vermelha. Coloque-as na bandeja e águe com azeite, mel e essência. Pulverize com a canela e o açúcar. Acenda as velas e o incenso e ofereça aos ciganos Madelon e Raíza, ou os de sua preferência. Faça os pedidos sob a Lua Nova.

Obs.: Se não possuir um altar cigano, faça tudo e leve a um lugar adequado (mato, beira de rio, campo, estrada etc.). Evite os olhos de pessoas curiosas.

Amarração

- Um coração de cera
- Canjica amarela cozida
- Açúcar mascavo
- Uma maçã
- Mel
- Fita amarela
- Os nomes
- Uma vela de sete dias amarela
- Um par de alianças
- Uma tigela de vidro ou prateada
- Incenso de rosas

Cozinhe a canjica. Depois de escorrida e fria, misture com açúcar e com a maçã picadinha. Ponha um papel com o seu nome e o dele na tigela. Coloque a mistura em cima, amarre as alianças com a fita e escreva seu nome e o dele nas pontas. Ponha as alianças dentro do coração, coloque mel e deite em cima da canjica. Acenda a vela e o incenso e ofereça aos ciganos Timor e Roxana, ou os de sua preferência. Faça os pedidos sob a Lua Cheia.

Obs.: Se não possuir um altar cigano, faça tudo e leve a um lugar adequado (mato, beira de rio, campo, estrada etc.). Evite os olhos de pessoas curiosas.

União

- Três velas (azul, rosa e vermelha)
- Os nomes
- Vinte e um moranguinhos (frutas)
- Canela em pó
- Quatorze fitas coloridas (30 cm. Pode repetir as cores, menos a preta)
- Um coração de boi
- Duas bandejas prateada
- Um rolo de fita durex larga
- Mel
- Incenso de sândalo ou violeta

Abra o coração e coloque o seu nome e o dele dentro. Feche e amarre com as fitas. Coloque o coração no prato e os moranguinhos em volta. Coloque mel por cima e pulverize-o com a canela. Acenda as velas em forma de triângulo deixando a bandeja ao centro. Acenda o incenso e ofereça aos ciganos Victor e Zingra, ou os de sua preferência. Faça o pedido sob a Lua Cheia.

Obs.: Se for velar no altar, deixe no máximo três dias. Depois lacre com a outra bandeja por cima, colando as beiradas com a fita adesiva. Despache em um local adequado enterrando-a. Se for levar direto ao local sem velar lacre e enterre. Deixe as velas e o incenso acesos em cima.

Casamento

- Um litro de vinho
- Duas taças

- Oito maçãs
- Oito rosas vermelhas
- Os nomes escritos no papel
- Uma pitada de sal
- Um lenço vermelho
- Oito velas vermelhas
- Uma fatia de pão
- Incenso para o amor (oito varetas)

Abra o vinho e encha uma taça. Vire-a no chão (terra) oferecendo-a ao povo cigano. Peça licença para fazer o ritual. Depois, coloque o sal, os nomes e o pão esmigalhado dentro do litro de vinho. Chacoalhe e sirva novamente as duas taças. Deite o lenço no chão, coloque o litro, as maçãs e as rosas por cima. Coloque uma taça de cada lado e acenda as velas e os incensos em volta, fora do lenço, intercalando uma vela e um incenso. Ofereça aos ciganos Hiandro e Kaena, ou os de sua preferência. Faça os pedidos sob a Lua Nova. Se for velar no altar, deixe no máximo oito dias. Despache tudo em um local adequado.

Obs.: *Se não possuir um altar cigano, faça tudo e leve a um lugar adequado (mato, beira de rio, campo, estrada etc.). Evite os olhos de pessoas curiosas.*

Aumentar o dinheiro

- Um prato branco ou bandeja prateada
- Uma vela de sete dias branca
- Sete espigas de trigo
- Um incenso de jasmim
- Sete moedas
- Uma flor de girassol
- Um imã
- Canela em pó

Ponha o girassol no meio do prato com as moedas em volta. Coloque o imã em cima do miolo da flor. Ao redor, coloque as espigas de trigo e pulverize com a canela. Acenda a vela e o incenso e ofereça ao cigano Mikhael, ou o de sua preferência. Faça os pedidos sob a Lua Crescente.

Obs.: Se não possuir um altar cigano, faça tudo e leve a um lugar adequado (mato, beira de rio, campo, estrada etc.). Evite os olhos de pessoas curiosas.

Para obter paz e tranquilidade no lar

- Uma vela de sete dias branca
- Um prato de vidro ou bandeja prateada
- Oito doces de cor branca
- Um cacho de uvas verdes
- Uma clara batida em neve ao ponto de suspiro
- Uma porção de arroz
- Um litro de leite
- Mel
- Incenso de rosas brancas

Cozinhe o arroz com o leite e um pouco de mel (arroz de leite). Deixe esfriar para firmar e coloque no prato. Coloque o cacho de uva no meio e os doces na volta. Cubra tudo com a clara em neve e acenda a vela e o incenso. Ofereça-os a todo o povo cigano. Faça os pedidos junto a uma oração cigana. Faça sob a Lua Cheia. Também serve para acalmar a pessoa. Escreva o nome da pessoa oito vezes e coloque embaixo do prato.

Obs.: Se não possuir um altar cigano, faça tudo e leve a um lugar adequado (mato, beira de rio, campo, estrada etc.). Evite os olhos de pessoas curiosas.

Abrir caminhos

- Um mamão
- Uma vela sete cores de sete dias
- Sete moedas
- Dois imãs
- Sete doces de sua preferência (menos de cor preta)
- Incenso de Arruda ou de Benjoim
- Um lenço azul

Deite o lenço no chão e abra o mamão ao meio, sem tirar as sementes. Passe suavemente no seu corpo ou no corpo da pessoa. Coloque em cima do lenço e passe os imãs. Coloque um em cada parte do mamão, junto às sementes. Passe as moedas e coloque um pouco em cada uma das partes do mamão, junto com os imãs. Depois, repita com os doces passando no corpo e pedindo para que os seus caminhos sejam abertos. Depois, acenda a vela e o incenso e ofereça ao cigano Setrus ou Pietro, ou o de sua preferência. Faça sob a Lua Nova.

Obs.: *Se não possuir um altar cigano, faça tudo e leve a um lugar adequado (mato, beira de rio, campo, estrada etc.). Evite os olhos de pessoas curiosas.*

Para vencer um obstáculo

- Sete frutas diferentes (menos as ácidas)
- Sete velas coloridas (menos preta)
- Sete moedas de valor
- Sete tipos de flores diferentes
- Sete varetas de incenso lemongrass (capim-limão)
- Um cesto de palha – vime ou bandeja

Passe todos os itens um por um no corpo suavemente enquanto faz o seu pedido ao povo cigano. Coloque tudo no cesto. Acenda as velas e os incensos. Quando acabar de queimar tudo, pegue o cesto e leve num vilarejo. Dê às crianças que encontrar na rua ou deixe num local onde possam achar e pegar. Tome um banho da essência de sua preferência e continue pedindo às entidades ciganas que o ajudem a vencer o obstáculo. Faça sob a Lua Crescente.

Abrir caminhos

- Quatro punhados de trigo embrulhados num papel
- Quatro punhados de arroz ou casca embrulhados num papel
- Quatro punhados de açúcar cristal embrulhados num papel
- Quatro rabanetes
- Quatro botões de rosas vermelhas
- Quatro moedas atuais
- Quatro punhados de hortelã picadinhos
- Um vidro de água de flor de laranjeira
- Quatro velas vermelhas
- Um cesto de vime ou palha
- Uma folha de papel vermelha
- Quatro varetas de incenso (chocolate ou jasmim)

Forre a cesta com o papel e passe suavemente no corpo os punhados de trigo. Coloque-os dentro da cesta e faça o mesmo com o arroz e o açúcar. Arrume-os todos separados e soltos na cesta. Faça o mesmo com os rabanetes e coloque sobre a cesta. Passe as moedas no corpo e coloque-as em pé sobre o açúcar, o trigo e o arroz. Passe os botões de rosa no corpo e depois os espete dentro da cesta. Jogue os punhados de hortelã em cima de tudo e regue com água de flor de laranjeira. Coloque a cesta no alto de uma árvore e acenda as velas e os incensos ao seu pé. Ofereça à cigana Ariana ou a de sua preferência. Faça os pedidos sob a Lua Crescente.

Para melhoria no seu comércio
- Sete lenços vermelhos
- Sete imãs
- Quarenta e nove moedas
- Sete frutas diferentes
- Sete doces diferentes
- Sete notas promissórias preenchidas com valores altos – sem data e sem nome
- Sete velas coloridas (menos preta)
- Sete varetas de incenso (noz-moscada, cravo ou canela)

Passe tudo suavemente no seu corpo e faça os pedidos. Depois leve a sete pontos diferentes da sua cidade. Deixe um lenço deitado no chão. Em cima, um imã, sete moedas, uma fruta, um doce, uma nota promissória, uma vela acessa e um incenso acesso em cada ponto diferente. Ex.: (cachoeira, estrada, mato, praça, rio, praia, encruzilhada). Ofereça ao cigano Serguei ou o de sua preferência. Faça os pedidos sob a Lua Crescente.

Obs.: Esse ritual é ótimo para o comércio.

Tire a amante do caminho do seu marido
- Um espelho médio no suporte
- Uma foto do esposo
- Uma boneca de pano
- Quatro limões
- Quatro laranjas azedas
- Dois abacaxis
- Quatro limas
- Quatro tangerinas
- Incenso de citronela ou a sete pimentas africanas
- Um cesto ou bandeja prateada

- Uma vela marrom
- Pimenta moída

Leve tudo para um mato fechado e deixe bem escondido. Coloque as frutas na cesta. Na beirada, por dentro, coloque o espelho virado e todo trincado (trinque-o sem desmontá-lo. Se precisar cole os pedaços com durex). No meio da cesta, coloque a foto do marido de frente ao espelho (pinte alguns traços no rosto, enfeiando a foto do lado contrário ao espelho. Atrás da foto, coloque a boneca batizada com o nome da amante olhando ao espelho todo trincado (ela enxergará o amante). Ela o enxergará tão feio que o largará. Pulverize tudo com pimenta moída e acenda a vela e o incenso. Ofereça ao cigano Nicolau ou o de sua preferência. Peça justiça. Faça sob a Lua Minguante.

Obs.: *Não faça esse ritual se a pessoa não for merecedora.*

Para ter sorte na vida

- Um baralho cigano
- Três dados
- Uma pirâmide (pode ser de papelão)
- Sete moedas
- Um pacote de lentilha
- Um lenço amarelo
- Um incenso cigano
- Uma bandeja prateada redonda
- Uma vela amarela de sete dias

Forre a bandeja com o lenço. Passe primeiro o pacote de lentilha no seu corpo e espalhe na bandeja. Depois, passe os restos dos itens e deposite na bandeja. Acenda as velas e o incenso e ofereça à cigana Agatha ou a de sua preferência. Faça os pedidos sob a Lua Nova.

Obs.: Se não possuir um altar cigano, faça tudo e leve a um lugar adequado (mato, beira de rio, campo, estrada etc.). Evite os olhos de pessoas curiosas.

Para problemas difíceis de resolver

- Uma bandeja dourada
- Alguns tipos de legumes
- Alguns tipos de frutas
- Uma clara de ovo batida em neve
- Um pedaço de papel e caneta sem uso
- Quatro velas brancas
- Quatro varetas de incenso cânfora ou café

Faça uma salada verde com os legumes misturados e com as frutas picadas. Coloque na bandeja em cima do papel e da caneta, com os pedidos escritos no papel. Cubra tudo com a clara em neve e acenda as velas e os incensos em forma de cruz, deixando a bandeja no centro. Ofereça ao cigano Jabor ou o de sua preferência. Faça sob a Lua Cheia.

Obs.: Se não possuir um altar cigano, faça tudo e leve a um lugar adequado (mato, beira de rio, campo, estrada etc.). Evite os olhos de pessoas curiosas.

Abra seus caminhos amorosos

- Quatro doces diferentes
- Quatro frutas diferentes
- Quatro balas de coco
- Quatro balas de mel
- Quatro bijuterias
- Um vidro de perfume
- Uma cesta ou bandeja dourada
- Quatro rosas amarelas

- Quatro velas amarelas
- Quatro varetas de incenso para o amor

Passe em seu corpo as frutas, os doces, as balas e as bijuterias. Coloque tudo na bandeja enfeitando-a com as rosas. Passe o vidro de perfume no corpo. Abra-o e jogue um pouco na bandeja. Feche-o e coloque-o na bandeja. Acenda as velas e os incensos e ofereça à cigana Pérola ou a de sua preferência. Faça os pedidos sob a Lua Crescente. (as bandejas prateadas ou douradas podem ser trocadas por cesto de vime ou palha, tacho de cobre ou alumínio).

Obs.: Se não possuir um altar cigano, faça tudo e leve a um lugar adequado (mato, beira de rio, campo, estrada etc.). Evite os olhos de pessoas curiosas.

Para melhorar a entrada de dinheiro na sua casa

- Uma nota promissória preenchida de um alto valor (coloque no devedor um nome qualquer. De preferência, uma pessoa bem rica e o recebedor o seu. Deixe sem data)
- Um prato de louça branco
- Arroz com casca
- Vinte e uma moedas quaisquer
- Canela em pó
- Cravo da Índia
- Noz moscada (pó ou ralado)
- Uma vela branca
- Incenso de mel

Coloque a nota promissória no prato. Cubra com arroz com casca. Coloque as moedas cravadas em pé e pulverize-as com canela, cravo, noz moscada. Coloque-as em um local apropriado – casa ou comércio – e ofereça aos ciganos Pierre e Talita, ou os de sua preferência. Faça sob qualquer Lua, menos sob a Minguante.

Obs.: Troque tudo de tempo em tempo. Inclusive a promissória. Troque o nome do devedor fictício. Acenda uma vela e um incenso todas as segundas-feiras ou todos os dias (o prato e as moedas podem ser reaproveitados).

Para aumentar os negócios

- Uma carta de baralho (sete de espada)
- Um copo de vidro
- Um vinho rosê
- Uma vela azul
- Uma moeda
- Incenso de eucalipto ou alfazema

Procure um lugar adequado na sua casa, comércio, loja ou indústria. Pode ser atrás da porta. Coloque a carta no chão, com o número para cima. Coloque o copo sobre a carta, com a moeda dentro e com o número para cima. Encha-o com o vinho rosê e acenda a vela e o incenso. Ofereça ao cigano Boris. Faça os pedidos apenas para os negócios. Troque o vinho às segundas-feiras acendendo uma vela e um incenso. (a vela e o incenso podem ser acesos diariamente). Inicie sob qualquer Lua. Menos sob a Minguante.
Obs.: Sua convivência com este cigano só trará lucros.

Pó para encaminhamento na vida

- Canela em pó
- Incenso pó ou vareta
- Breu – pó – pedra
- Açúcar mascavo
- Semente de girassol
- Folha de Louro
- Alfazema

- Alecrim
- Talco Neutro

Misture tudo que não for pó e triture até virar. Misture tudo e coloque em uma vasilha com tampa. Vá a uma encruzilhada, pegue pó com a mão e sopre nos quatros cantos. Peça que o povo cigano o encaminhe na vida. Se preferir, passe nas mãos e na carteira. Também sopre no portão e na porta de sua casa. Após, soltar o restante em uma encruzilhada ao ser beneficiado, leve um agrado ao povo cigano.
Obs.: Faça sob qualquer Lua. Menos sob a Minguante.

Atrair coisas boas
- Dezesseis moedas
- Dezesseis varetas de incenso Flor de Laranjeira
- Um prato de louça branco
- Uma vela azul de sete dias
- 100g de café
- Um imã
- Dezesseis colheres de açúcar cristal
- Um melão pequeno cortado em dois pedaços

Coloque o café no prato e o açúcar por cima. No centro, coloque o imã e as moedas. Coloque as fatias de melão, uma em cada lado do imã. Acenda a vela e o incenso disfarçadamente, de uma a uma. Essa oferenda pode ser colocada no altar, jardim de casa, no mato. Se optar pelo último, deixe todos os incensos acesos e ofereça aos ciganos Olavo e Carmem Citra, ou os de sua preferência. Faça os pedidos sob a Lua Nova ou Crescente.

Para melhorar a sua relação
- Mel
- Uma taça

- Os nomes
- Um par de alianças
- Uma fita azul e uma rosa 80 cm
- Um coração de cera
- Uma foto 3x4 sua e uma dele
- Pétalas de rosas vermelhas
- Uma vela de sete dias rosa
- Uma vela de sete dias azul

Cole as fotos com mel. Uma frente à outra. Coloque-as dentro do coração e acrescente um pouco de mel. Coloque o coração no meio do prato e escreva o seu nome na fita azul e o dele na fita rosa. Amarre as fitas com um tope e coloque em cima do coração. Cubra tudo com as pétalas de rosas vermelhas e acrescente um pouco de mel por cima de tudo. Coloque do lado, a taça com água e bastante mel. Escreva oito vezes intercalado e num papel pequeno o seu nome e o dele. Coloque dentro da taça e acenda as velas e o incenso. Ofereça aos ciganos Igor e Anabel, ou os de sua preferência. Faça os pedidos sob a Lua Crescente.

Obs.: Se não possuir um altar cigano, faça tudo e leve a um lugar adequado (mato, beira de rio, campo, estrada etc.). Evite os olhos de pessoas curiosas.

Vaso da prosperidade
- Um vaso
- Pequenas porções de grãos
- Algumas moedas
- Folhas de Louro
- Canela
- Cravo
- Fitas coloridas (menos preta)

Compre um vaso bonito, de preferência transparente. Consiga pequenas porções de todos os tipos de grãos: milho, lentilha, arroz, feijão, trigo, ervilha etc. Coloque uma porção em cima da outra no vaso, separando com moedas e folhas de Louro, até enchê-lo. Enfeite com cravo, canela e algumas moedas. Decore-o com fitas coloridas, menos da cor preta. Use como enfeite, trocando todos os anos. As moedas e o vaso podem ser reaproveitados. Se preferir, acenda uma vela branca e um incenso para prosperidade, negócios, fartura... Acenda ao lado do vaso e ofereça ao povo cigano, ou ao cigano de sua preferência. Faça o pedido.

Obs.: Não monte o vaso sob a Lua Minguante.

Magia para não faltar dinheiro

Uma das magias pouco reveladas pelos ciganos era feita no acampamento em suas fogueiras. Como a mantinham acesa dia e noite, colocavam uma cambona com água e algumas moedas para atrair o dinheiro. Os ciganos acreditavam que quanto mais a água fervesse com as moedas dentro fazendo barulho mais atrairia dinheiro. Portanto, escolha sete ou quatorze moedas, menos as amarelas. Lave-as bem e coloque-as dentro da chaleira. Deixe-as lá para sempre. A água fervida ativará a magia fazendo o barulho e atraindo o dinheiro. Quanto mais ferver mais barulho fará. Mais dinheiro atrairá.

Para seu estabelecimento comercial progredir

- Sete moedas
- Um quartzo citrino
- Essência de canela
- Dandá-da-costa (raiz ou erva)
- Três noz moscada ralada
- Incenso de canela

- Cravo
- Um imã
- Folhas de Louro
- Um pedaço de Breu
- Um saquinho de cetim – um lado amarelo e outro azul
- Fita amarela
- Fita azul
- Uma vela de sete dias – amarela ou azul

Coloque todos os itens dentro do saquinho e despeje a essência de canela. Amarre-o às fitas azul e amarela e acenda o incenso e a vela perto do saquinho. Ofereça aos ciganos Ciro e Madalena, ou os de sua preferência. Faça os pedidos. Peça progresso ao seu estabelecimento comercial. Depois, queime a vela e pendure o saquinho no estabelecimento. Faça sob qualquer Lua. Menos sob a Minguante.

Para trazer seu amor de volta

- Farinha de milho (ou mandioca)
- Azeite de oliva
- Camarão
- Cebola
- Tomate
- Temperos a gosto
- Sete azeitonas
- Sete rosas vermelhas
- Uma garrafa de vinho se for homem ou uma garrafa de licor se for mulher
- Uma bandeja – pode ser de papelão
- Papel de seda vermelha
- Uma vela de sete dias vermelha
- Um boneco (a) de pano batizado com o nome da pessoa

- Um copo ou taça
- Incenso para o amor

Refogue o camarão no azeite de oliva, com tomate, cebola e temperos a gosto. Misture a farinha até ficar uma farofa. Coloque na bandeja já enfeitada com papel de seda. Coloque o boneco (a) sobre. Em volta, coloque as rosas e as azeitonas. Sirva a bebida deixando a garrafa de um lado e o copo do outro. Acenda a vela e o incenso e ofereça ao cigano Mircko, se o seu amor for homem. Ou à cigana Talita, se for mulher. Faça os pedidos. Mas evite que seja sob a Lua Minguante.

Obs.: Se não possuir um altar cigano, faça tudo e leve a um lugar adequado (mato, beira de rio, campo, estrada etc.). Evite os olhos de pessoas curiosas.

Ritual para esquecer
- Folhas de dormideira (verde)
- Uma cabeça de cera
- Uma tigela de louça escura
- Um miolo de boi
- Um vidro de óleo ricinio
- Uma caixa de algodão
- Sete vezes o nome da pessoa
- Uma vela escura de sete dias
- Um incenso de camomila

Coloque o miolo na mão com o nome da pessoa. Dentro, envolva o miolo nas folhas de dormideira. Depois enrole o miolo no algodão e introduza na cabeça de cera regando com bastante óleo de ricinio. Coloque na tigela e cubra tudo com o algodão. Acenda a vela e o incenso e ofereça ao povo cigano. Faça o pedido sob a Lua Minguante. Depois de velado, enterre num lugar seguro. Se for levar direto em algum lugar deixe a vela e o incenso aceso. Depois de fazer este ritual, tome um banho de descarga.

Obs.: *Se não possuir um altar cigano, faça tudo e leve a um lugar adequado (mato, beira de rio, campo, estrada etc.). Evite os olhos de pessoas curiosas.*

Encantamento para seu amor

- Uma travessa de louça branca
- Vinte e um corações de galinha
- Vinte e um moranguinhos (frutas)
- Vinte e uma velas vermelhas
- Mel
- Azeite de oliva
- Pétalas de rosas vermelhas
- Essência para o amor
- Uma garrafa de licor se for mulher – uma de vinho se for homem
- Uma agulha
- Um carretel de linha vermelha
- Um incenso para o amor

Escreva o nome da pessoa em vinte e um papéis pequenos. Abra os corações com a faca e introduza-os. Costure-os com a linha e coloque na travessa. Ao lado, os moranguinhos. Regue com mel e azeite de oliva. Enfeite com as pétalas de rosas e borrife com a essência e um pouco da bebida. Deixe a garrafa ao lado e acenda as velas em círculo, deixando a travessa ao centro. Acenda os incensos também em círculos e ofereça ao cigano de sua preferência. Se for mulher, ofereça a uma cigana. Não faça sob a Lua Minguante.

Obs.: *Se não possuir um altar cigano, faça tudo e leve a um lugar adequado (mato, beira de rio, campo, estrada etc.). Evite os olhos de pessoas curiosas.*

Para acalmar seu amor

- Um punhal pequeno
- Uma maçã
- Mel
- Um incenso para o amor
- Uma vela vermelha de sete dias
- Uma vasilha com tampa

Faça um corte na maçã sem destacar as partes. Coloque dentro escrito em um papel o nome do seu amor e o seu. Introduza o punhal até atravessá-la. Coloque em uma vasilha que tenha tampa. Encha de mel e tampe. Depois acenda a vela em cima e o incenso ao lado. Ofereça a uma cigana de sua preferência. Faça sob a Lua Crescente ou Cheia. Depois de velar, enterre num lugar seguro.

Obs.: Se não possuir um altar cigano, faça tudo e leve a um lugar adequado (mato, beira de rio, campo, estrada etc.). Evite os olhos de pessoas curiosas.

Para melhorar a sua relação amorosa

- Um coração de galinha
- Uma linha vermelha
- Uma agulha
- Mel
- Incenso de rosas amarelas
- Uma vela amarela de sete dias
- Papel de seda vermelha
- Um comigo-ninguém-pode plantado em um vaso

Diz a cigana Nazira que esse é um trabalho certeiro para melhorar uma relação. Em uma noite de Lua Cheia escreva no papel de seda o nome da pessoa. Escreva o seu nome também, abra o coração com uma faca e ponha o papel dentro. Coloque um pouco de mel e costure com a linha. Coloque mais mel no coração e enterre no vaso com a planta. Acenda a vela e o incenso ao lado da planta. Depois de velar, coloque em um lugar de sua preferência e regue o vaso sempre que puder para que a planta fique sempre viçosa. Quanto mais ela crescer e ficar formosa, mais o homem ficará apaixonado. Não esqueça de oferecer esse ritual à cigana Nazira. Faça sob qualquer Lua. Menos sob a Minguante.

Para acalmar ou trazer de volta a pessoa amada

- Uma tigela branca
- Um prato branco
- Oito gemas de ovos cruas e inteiras
- Azeite de oliva
- Mel
- Água de rosas
- Água de flor de laranjeira
- Água de Melissa
- Uma vela de sete dias amarela
- Um incenso de mel
- Pétalas de rosas amarelas

Escreva o nome da pessoa sete vezes no papel e, em outro, o seu, também sete vezes. Coloque um de frente para o outro e ponha na tigela. Acrescente as gemas com cuidado para não desmanchá-las. Regue com azeite de oliva, mel, água de rosas, água de flor de laranjeira e água de melissa. Mentalize o seu pedido a cada ingrediente adicionado. Cubra tudo com as pétalas de rosas e tampe a tigela com o prato. Acenda acima do prato a vela e o incenso. Faça uma oração ao povo cigano durante sete dias (de preferência pela manhã) e faça os seus pedidos. Faça sob a Lua Crescente ou Nova. Depois de sete dias despache ou enterre num lugar seguro.

Obs.: Se não possuir um altar cigano, faça tudo e leve a um lugar adequado (mato, beira de rio, campo, estrada etc.). Evite os olhos de pessoas curiosas.

Oferenda da cigana Sarita da estrada para emprego
- Uma tigela média de louça
- 200g de arroz com casca
- Cinco moedas antigas
- Mel
- Farinha crua (de mandioca ou milho)

Ponha a farinha na tigela misturada com o mel. Cubra com arroz com casca e as moedas. Deixe em local alto apropriado até conseguir o seu objetivo. Quando isto acontecer, arrie a oferenda num local próximo ao do seu novo emprego. (deve ser sob a Lua crescente).

Oferenda para atrair o amor
- Duas bananas ouro
- Mel
- Açúcar cristal
- Azeite doce
- Canela em pó
- Baunilha (essência)
- Os nomes
- Uma travessa média
- Uma vela branca
- Uma caixa de fósforos

Coloque as duas bananas abertas ao comprido na travessa. Coloque o seu nome e o do amado nas duas e águe com azeite-doce, mel e essência de baunilha. Pulverize com canela e cubra com o açúcar cristal. Arrie em uma praça onde haja flores e acenda a vela. Faça os pedidos de amor às ciganas encantadas. Sob a Lua crescente.

Oferenda para união cigana Sarita da Estrada

- Um coração de cera
- Canjica branca cozida
- Noz moscada ralada
- Mel
- ½ metro de fita branca
- Os nomes
- Uma vela branca de sete dias
- Um par de alianças
- Uma tigela branca média
- Uma caixa de fósforos

Cozinhe a canjica. Depois de escorrida e fria, misture a noz moscada já ralada. Em um papelzinho de seda branco, escreva o seu nome e o da pessoa amada. Ponha no fundo da tigela. Coloque a canjica por cima. Amarre as alianças com a fitinha branca e escreva o seu nome e o do amado nas pontas. Ponha as alianças já amarradas dentro do coraçãozinho, ponha mel e coloque sobre a canjica. Ponha a tigela em local alto, dentro de casa, congal de Umbanda ou em uma praça. Acenda as velas e peça às forças da natureza a união de vocês dois. Faça sob a Lua Crescente.

Oferenda para amarração

- Um coração de boi
- Mel
- Vinte e uma fitas coloridas (menos preta)
- Um prato branco

- Uma caixa de fósforos
- Canela em pó
- Sete pitangas
- Três velas (azul – vermelha – amarela)
- Os nomes

Abra o coração, ponha dentro o seu nome e o do amado. Feche-o e amarre-o com as vinte e uma fitinhas coloridas. Coloque o coração no prato. Ponha um pouco de canela, mel e as sete pitangas rodeando. Acenda as velas triangularmente. Arrie em uma estrada. Faça os pedidos em nome de todo o povo Cigano para que o ajudem a segurar o amor.

Obs.: As fitas podem repetir as cores e devem ter mais ou menos 30 cm cada.

Oferenda para o povo cigano para arrumar um namorado(a)

- Uma travessa branca de louça
- Um mamão verde
- Um par de alianças
- Verbena (essência)
- Folhas de hortelã
- Mel
- Três rosas brancas
- ½ m de fita branca acetinada
- ½ m de fita vermelha

Abra o mamão, amarre nas alianças com a fita acetinada branca o seu nome e o da pessoa amada. Coloque dentro do mamão e complete com mel e com as folhas de hortelã. Ponha o mamão dentro da travessa, amarre com fita vermelha e cubra com as pétalas de rosas. Borrife com a verbena. Arrie em uma campina. Faça os pedidos de amor às ciganas encantadas.

Obs.: Faça sob a Lua Crescente.

Desembaraçar uma paquera

- Uma vasilha com tampa
- Um coração de cera
- Um metro de pano estampado – predominando a cor vermelha
- Um carretel de linha vermelha
- Um litro de licor
- Um vidro de mel
- Uma vela rosa de sete dias
- Um incenso de rosas
- Uma bandeja dourada grande

Escreva em um papel o nome da pessoa desejada e a data de nascimento (se souber). Ponha dentro da abertura do coração e coloque-o na vasilha. Cubra-o totalmente com o licor. Na boca da vasilha, faça os pedidos e tampe imediatamente. Enrole o pano na vasilha, dê vários nós e confirme os pedidos. Enrole todo o carretel de linha ao redor. Depois coloque-o em cima da bandeja e despeje o mel. Acenda a vela e o incenso e ofereça ao povo cigano ou à cigana de sua preferência. Faça seu pedido. Mas não sob a Lua Minguante.

Obs.: Se não possuir um altar cigano, faça tudo e leve a um lugar adequado (mato, beira de rio, campo, estrada etc.). Evite os olhos de pessoas curiosas.

Magia para arrumar um companheiro

- Farinha de milho
- Óleo de amêndoa
- Mel

- Erva-doce
- Canela em pó
- Uma rosa vermelha
- Licor
- Uma vela vermelha de sete dias
- Uma vasilha de louça
- Uma pitada de sal
- Um incenso de rosa vermelha

Faça uma farofa com farinha de milho, óleo de amêndoa, mel, erva-doce, canela em pó, uma pitada de sal e um pouco de licor. Coloque na vasilha e passe no seu corpo suavemente. Depois acenda a vela e o incenso e coloque a rosa no bico da garrafa, com a sobra do licor. Ofereça à cigana Sarita e peça um grande amor. Mas não faça sob a Lua Minguante.

Obs.: Se não possuir um altar cigano, faça tudo e leve a um lugar adequado (mato, beira de rio, campo, estrada etc.). Evite os olhos de pessoas curiosas.

Para seu marido ou esposa enjoar do(a) amante

- Um casal de boneco de pano branco
- Vinte e um alfinetes
- Um vidro de boca larga com tampa
- Azougue (sete frascos)
- Pimenta da costa (sete frascos)
- Um pouco de óleo de ricinio
- Um pouco de óleo de mamona
- Uma vela de sete dias marrom

Escreva o nome do casal que deseja separar nos bonecos. Una o dois espetando os vinte e um alfinetes de forma a prendê-los juntos.

Diga:

"Assim como espeto esses bonecos, que esses alfinetes espetem o coração de fulano e fulana."

Coloque dentro do vidro, acrescente o azougue, as pimentas, o óleo de ricinio e o óleo de mamona. Acenda a vela e, depois de queimá-la, enterre num lugar seguro. Ofereça ao cigano de sua preferência. Faça sob a Lua Minguante.

Obs.: Caso leve direto a um lugar adequado, enterre-o e deixe a vela acesa. Depois, tome um banho de descarga.

Uma troca de vida

- Uma mala (nova ou velha)
- Uma vela branca
- Uma caixa de fósforos
- Sete varetas de incenso de Arruda
- Duas peças de roupa (de preferência nova, menos na cor preta)

Se a sua vida está enrolada, nada dá certo, problemas com saúde, dinheiro, amor. Se não consegue adquirir nada de bom, experimente essa troca de vida. Ela é poderosa. Em uma noite de Lua Minguante, vá ao mato e leve uma mala (pode ser velha ou nova). Dentro, leve roupa nova. De preferência, calça e camisa se o assunto for homem. Ou saia e camisa se o assunto for mulher. Leve também uma vela branca, uma caixa de fósforos e as sete varetas de incenso de Arruda. Chegando, abra a mala, tire a vela, a caixa de fósforos e o incenso. Acenda a vela e os incensos, faça uma prece ou oração cigana. Peça ao povo cigano para que a sua vida melhore em todos os sentidos, que as mágoas e coisas ruins adquiridas até o momento fiquem ali. E, que, junto a você só vá sorte, saúde, felicidade e prosperidade. Que os caminhos sejam abertos na força do povo cigano.

Abra a mala e tire as peças de roupa. Tire as roupas que veste e vista as novas. Coloque as que você estava vestindo na mala e fecha-a.

Diga:

"Deixo aqui e entrego ao povo cigano todas as cargas adquiridas até hoje na minha vida."

Saia de roupa nova e espírito novo para uma nova vida.

Obs.: Fique com as peças de roupa no corpo no mínimo 24 horas. Troque apenas as íntimas. Durante alguns dias, para atrair as coisas boas, faça banhos perfumados com bastante essência ou perfume. Caso não possa comprar duas peças de roupa, use as mais novas que tiver, menos na cor preta. Quando sua vida melhorar, ofereça uma mesa bem farta ao povo cigano.

Encantamento para dinheiro

- Um mamão bonito
- Uma bandeja dourada
- Setenta e sete moedas sortidas
- Incenso de Canela
- Sete velas coloridas – menos pretas

Compre um mamão bonito. Faça uma cavidade pequena de um tamanho que passe uma moeda. Introduza a faca em quatro posições diferentes e forme um quadrado de modo que você possa tirar a tampa e colocá-la novamente. Coloque o mamão em uma bandeja dourada, com a tampa para cima, tire a tampa e introduza dentro sete moedas sortidas – valor, tamanho, cor, atuais e antigas. Feche a cavidade com a tampa e acenda um incenso de canela e as sete velas coloridas, menos da cor preta, todas ao redor. Ofereça ao povo cigano fazendo o encantamento (pedidos) referente ao dinheiro, negócios e trabalhos. Se for velar em um altar cigano, acenda as sete velas todos os dias, durante sete dias. Depois, despache em uma estrada. E se for fazer e levar direto na estrada, acenda somente as sete velas coloridas. Faça sob a Lua Crescente.

Obs.: Quem fizer esse encantamento não pode comer mamão da mesma qualidade. Se comer, quebra o encanto.

Mesa para os ciganos (1)

- Uma toalha colorida – menos preta
- Uma caixa de incenso
- Um vidro de essência
- Uma vela branca de sete dias
- Duas taças
- Vinho
- Licor
- Várias frutas
- Vários doces
- Um peixe assado
- Rosas

Arme a toalha e coloque o peixe no centro. Coloque todos os itens restantes em cima da mesa, encha as taças, uma com cada bebida. Deixe uma de cada lado da mesa, assim como os litros. Acenda a vela e os incensos e enfeite a mesa com as rosas. Pulverize a essência em cima de tudo e ofereça ao povo cigano. Faça os pedidos sob a Lua Crescente ou Cheia.

Obs.: Se não possuir um altar cigano, faça tudo e leve a um lugar adequado (mato, beira de rio, campo, estrada etc.). Evite os olhos de pessoas curiosas.

Mesa para os ciganos (2)
- Uma toalha colorida – menos preta
- Uma caixa de incenso
- Um vidro de essência
- Uma vela branca de sete dias
- Duas taças
- Um litro de vinho
- Um litro de licor
- Várias frutas
- Vários doces
- Um pedaço de carne de porco assado (leitão)
- Rosas

Arme a toalha e coloque a carne no centro. Coloque os itens restantes sobre a mesa, encha as taças, uma com cada bebida. Deixe-as uma de cada lado da mesa, assim como os litros. Acenda a vela e os incensos e enfeite a mesa com as rosas. Pulverize a essência em cima de tudo e ofereça ao povo cigano. Faça os pedidos sob a Lua Crescente ou Cheia.

Obs.: Se não possuir um altar cigano, faça tudo e leve a um lugar adequado (mato, beira de rio, campo, estrada etc.). Evite os olhos de pessoas curiosas.

Povo do Oriente

Primeira oferenda
- Uma folha de papel de seda rosa e uma branca
- Uma maçã
- Uma garrafa de vinho branco
- Um maço de cigarros

- Um copo de vidro
- Sete velas brancas
- Uma caixa de fósforos

Na areia da praia ou rio, arme a seguinte oferenda:

1. Forre o chão com uma folha de papel branco. Por cima, outra de papel rosa.
2. No centro, coloque uma maçã cortada ao meio.
3. Abra um maço de cigarros (de preferência caro) e coloque-os à direita da maçã cortada, junto a uma caixa de fósforos aberta (as cabeças voltadas ao lado oposto do ofertante).
4. Abra uma garrafa de vinho branco e coloque um gole no copo, que será colocado à esquerda da maçã cortada ao meio.
5. Acenda sete velas brancas e faça a entrega da oferenda. Peça o que deseja. O pedido deve ser dirigido a qualquer das entidades que pertencem às diversas Falanges da linha do oriente: Indus, Médicos e Cientistas, Árabes e Marroquinos, Japoneses, Chineses, Mongóis e Esquimós, Egípcios, Astecas e Incas, Maias e Toltecas, Índios Caraíbas, Gauleses, Romanos e Antigos povos europeus.

Segunda oferenda

- Sete flores conhecidas como Bastão de São José
- Uma folha de papel (de seda) branco e outra de papel rosa
- Uma garrafa de vinho branco
- Um pedaço de fita cor de rosa – meio metro mais ou menos
- Uma garrafa de champanhe
- Sete velas brancas

Na areia da praia ou rio, arme a seguinte oferenda:

1. Abra uma folha de papel branco e estenda no chão. Por cima, abra e estenda uma folha de papel rosa.
2. Por cima dos papéis, coloque um ramo formado de sete flores conhecidas como Bastão de São José. Ponha-as amarradas às fitas cor de rosa.
3. Acenda sete velas brancas e abra uma garrafa de vinho branco. Despeje um pouco no local, salvando o povo do oriente, em especial a Entidade ou Falange (das que pertencem à linha do oriente a que se faz a oferenda).
4. Abra uma garrafa de champanhe e despeje em círculo em volta da oferenda. Salve as mesmas entidades e faça o pedido.

Terceira oferenda

- Uma vela branca
- Sete charutos
- Sete caixas de fósforos
- Uma garrafa de vinho branco
- Flores brancas
- Uma folha de papel de seda branca e outra rosa.

Na areia da praia ou rio, faça o seguinte:

1. Forre o chão com uma folha de papel de seda branco. Por cima, outra de papel rosa.
2. Coloque uma vela branca acesa ao lado de fora.
3. Coloque sete caixas de fósforos abertas em cima dos papéis formando um círculo (as cabeças voltadas para o centro da oferenda). Sobre as caixas de fósforos (um sobre cada caixa), sete charutos.
4. Coloque uma garrafa de vinho branco ao lado e sobre os papéis.

5. Espalhe algumas flores brancas em volta formando um círculo (rosas, dálias, crisântemos).
6. Cerque tudo e despeje o vinho branco em volta de tudo e por fora do papel. Ponha a garrafa no mesmo lugar.
7. Entregue a oferenda, como nos casos anteriores.

Quarta oferenda

- Uma folha de papel de seda branca e uma rosa
- Uma caixa de fósforos
- Um charuto de boa qualidade
- Uma garrafa de mel
- Uma vela branca

Na areia da praia ou rio, faça o seguinte:

1. Coloque dois triângulos feitos de papel. Um de papel de seda branco e outro de papel de seda rosa (devem ser equiláteros, isto é: terem os três lados iguais formando um signo de Salomão, uma estrela de seis pontas). O triângulo branco deve ficar por baixo.
2. No centro do signo de Salomão, coloque a caixa de fósforos. Por cima, o charuto aceso.
3. Firme as seis pontas do signo de Salomão derramando um pouco de mel de uma garrafa. A garrafa será colocada do lado esquerdo da oferenda.
4. Faça a oferenda e o pedido. Acenda uma vela branca do lado direito da oferenda.

Quinta oferenda

- Uma folha de papel de seda branca e uma rosa
- Uma taça de cristal ou de vidro de ótima qualidade

- Sete velas brancas
- Uma garrafa de vinho branco
- Uma caixa de fósforos

Na areia da praia ou rio, arme a seguinte oferenda:

1. Coloque um círculo de papel de seda branco. Sobre ele, um triângulo de papel de seda rosa.
2. Por cima do triângulo, bem ao meio, coloque uma taça de cristal ou de vidro.
3. Acenda as sete velas do lado de fora do círculo de papel acompanhando-o. Deixe a caixa de fósforos aberta. Depois abra a garrafa de vinho branco e despeje dentro da taça. Depois, da base da oferenda à praia, onde a garrafa ficará vazia.
4. Faça a oferenda e o pedido.

Nas oferendas do Povo do Oriente, bem como em quaisquer outras em que se empreguem charutos, os mesmos devem ser boa qualidade. Ao serem colocados, devem ser retirados dos invólucros, assim como as velas.

Simpatias contra Olho Gordo

A. Uma cebola cortada em cruz até a metade. Sem destacar as partes, coloque atrás da porta. Troque a cada 15 dias.

B. Uma tigela com água, três colheres de sal grosso, três pedras de carvão, três dentes de alho. Coloque atrás da porta. Troque a cada 15 dias.

C. Uma guampa (chifre) com água, arruda, espada de São Jorge alevante pendurada na parede.

D. Sete dentes de alho enfiados num cordão vermelho pendurado na parede.

E. Três figas pretas e três moedas furadas. Enfie uma fita vermelha e pendure na parede.

F. Um par de olhos de boi descarnado. Dentro de um vidro com álcool e tampado. É muito eficaz contra o olho gordo (o olho tem que ser do boi).

G. Uma cobra (cruzeira) no vidro com o álcool. Deixe o vidro num lugar discreto.

H. Uma pedra de carvão virgem dentro de casa funciona para as energias negativas. Troque-a periodicamente.

I. Uma tigela com sal grosso, sete pimentas dedo de moça, sete dentes de alho, sete cravos. Troque após seis meses (pode reaproveitar a tigela).

J. Plante sete ervas em um vaso. Ex.: espada de São Jorge, arruda, guiné, alevante, alecrim, espada de Santa Bárbara, pimenta etc.

K. Um couro de coelho como objeto decorativo na sua casa funciona contra feitiço.

Símbolos Sagrados e materiais que podem ser usados em oferendas

Punhal, violino, pandeiro, leque, xale, medalhas, fitas coloridas, lua, sol, estrela, mão, coral, âmbar, ônix, abaloni, concha-marinha, cavalo-marinho, coruja, cavalo, cachorro, galo, lobo, ferradura, âncora, chave, moeda, roda, taça, trevo, coroa, sino, castanholas, adaga, machado, baralho, espelho, dados, cristais, lenços coloridos, vinhos, licor, tacho de cobre ou alumínio, bola de cristal, cesta de vime, pedras coloridas, perfumes, frutas, cereais em grão, cereais em pó, especiarias, peixe de todas as espécies – assados ou fritos, carne de leitão assada, doces, flores, plantas, ervas, mel, vela, vela de sete dias, incensos, essências, água mineral, bijuterias, cigarrilhas, fumo, pós, talcos, ímã, ramo de trigo, pudins, geleias, manjar, legumes, verduras, cesta de palha, papel de seda, bandeja prateada, bandeja dourada, bandeja comum, sucos, salada de frutas, tecidos coloridos, correntes dourada, correntes prateada etc.

Os itens acima servem para fazer a sua magia. E, com a ajuda do povo cigano, melhorar a sua vida. Escolha alguns itens masculinos se a oferenda for para cigano e femininos ser for para cigana.

Você está apto a utilizar-se de todos. Use a imaginação ou a inspiração de alguns ciganos. Escolha itens e faça a sua oferenda.

Escolha algum nome de cigano para direcioná-lo, uma vela colorida e um incenso adequado.

Exemplo de Oferendas para ter sorte no jogo
- Uma bandeja
- Uma vela de sete dias
- Um incenso da sorte (ou cigano)
- Um punhal fictício (madeira ou plástico)
- Uma taça
- Vinho
- Papel de seda ou lenço
- Uma ferradura
- Sete moedas
- Três dados
- Imã

Forre a bandeja com lenço ou papel de seda. Coloque por cima dela os dados, punhal, ferradura, as moedas e o imã. Passe a bandeja suavemente no seu corpo, sirva o vinho na taça e deixe-o ao lado da oferenda. Acenda a vela e o incenso e ofereça ao Cigano Ramiro. Peça muita sorte no jogo. Faça sob a Lua Crescente.

Obs.: Se não possuir um altar cigano, faça tudo e leve a um lugar adequado (mato, beira de rio, campo, estrada etc.). Evite os olhos de pessoas curiosas.

Exemplo de Oferenda para ter sorte no Amor
- Uma bandeja
- Um lenço ou papel de seda
- Uma vela
- Um incenso da sorte (ou cigano)
- Um licor

- Uma taça
- Uma bijuteria qualquer
- Um leque
- Um espelho
- Quatro doces (casadinho ou bem-casado)
- Uma essência para o amor

Forre a bandeja com um lenço ou papel de seda. Coloque por cima dela a bijuteria, o leque, o espelho, os quatro doces. Pulverize a essência em cima de tudo e passe um pouco sobre você. Passe a bandeja suavemente no corpo. Sirva o Licor na taça e deixe-o ao lado da bandeja. Acenda a vela e o incenso e ofereça à Cigana Sulamita. Peça muita sorte no amor. Faça sob a Lua Crescente.

Obs.: Se não possuir um altar cigano, faça tudo e leve a um lugar adequado (mato, beira de rio, campo, estrada etc.). Evite os olhos de pessoas curiosas.

Alguns nomes de Ciganos

Ághata
Alessandro
Anabel
Anatole
Andrevics
Antoniel
Antonio
Arian
Ariana
Artêmio
Assuero
Baruque
Bergem
Boris
Buthi
Carlos
Carlos José
Carme
Carmelita
Carmen
Carmencita
Carmenlita

Carminda
Carmita
Cassandra
Catharina
Cíntia
Ciro
Conchita
Damira
Dandara
Daquira
Dara
Davina
Davira
Dianka
Diego
Dilah
Diogo
Djana
Dorim
Drusko
Edgard
Eleonora

Esmeralda
Estefanio
Fabíola
Felipho
Feódor
Fernando
Ferran
Florência
Florian
Florisbela
Garrido
Genésio
Gênova
Geovana
Geraldo
Germana
Gonçalo
Hamon
Hanára
Handro
Helena
Heleno

Hermano	Kadidja	Maiza
Heron	Kahena	Manolo
Hiago	Kapistiano	Marain
Hiandro	Karim	Marcho
Honára	Karin	Márcia
Huélva	Karla	Marko
Iantro	Karloz	Margaretha
Iara	Kátia	Margrah
Iasmim	Katiana	Maria
Iena	Katita	Maria Dolores
Igor	Kerumã	Mariuska
Ilarim	Killiaq	Marmiliano
Ilarin	Landulfo	Marroquina
Íris	Larissa	Martha
Ismênia	Lausane	Maryrah
Isolda	Lemiza	Mashelon
Iuri	Lena	Maximiliano
Izalon	Leniza	Mayara
Jabor	Lilliaq	Melani
Jade	Lindara	Melissa
Janos	Liaq	Mengrah
Joaquim	Luan	Micaela
Jorbom	Luana	Mikail
Jordana	Luavini	Mikhael
José Carlos	Ludmilha	Milan
Josefa	Luque	Millon
Josefina	Luzhia	Mischa
Josefo	Madalena	Mircka
Joseph	Madelon	Mircko
Josué	Magda	Miroam
Juan	Maísa	Miroan

Nabel	Pérola	Samanta
Nadia	Pierre	Sâmara
Najara	Pietro	Samila
Nasha	Pogiana	Sara
Nasnshivile	Polanshi	Saramim
Natan	Punshal	Sarita
Natascha	Radidja	Sarracena
Natasha	Rafael	Sashaximirra
Nazira	Raí	Serguei
Nicolas	Raíza	Setros
Nicolau	Raiza Singuala	Shana
Nicoli	Ramão	Shandai
Nicolis	Ramires	Shimenia
Nissa	Ramiro	Sidrock
Norberta	Ramon	Silvana
Norton	Rayto	Sindrock
Núbia	Rebeca	Singuala
Olavo	Rochiel	Sulamita
Oriana	Rodrigo	Sumahya
Orlando	Rodrigues	Sunakana
Ossara	Romena	Sunakara
Otávio	Rosa	Sarracena
Pablo	Rosalita	Tainara
Palanshi	Rosita	Talita
Paulo	Roxana	Tamíris
Pavalou	Ruam	Tânia
Pavalov	Ruan	Tarim
Pedro	Rubi	Télia
Pedro Garcia	Rudá	Thais
Pedrovick	Saiam	Tiago
Pedrovik	Salomé	Tibon

Tibor	Willian	Zaishara
Timiro	Wladimir	Zamira
Tina	Wladivisk	Zamora
Travini	Wlais	Zanair
Úrsula	Wlanasha	Zara
Valdir	Wlanira	Zéfiro
Valter	Wlavira	Zercar
Victor	Yan	Zezito
Vitor	Yasmim	Zilda
Vlademir	Yunesco	Zibia Taram
Vlanasha	Zaida	Zingra
Wadsa	Zaina	Ziro
Wadza	Zaira	Zoraide

Recomendações Finais

- Não faça nenhum ritual de banhos, defumações ou oferendas quando estiver em período menstrual.
- Não faça nenhum ritual de banhos, defumações ou oferendas quando tiver ingerido bebida alcoólica.
- Evite relações sexuais pelo menos 24h antes da realização de qualquer ritual.
- Não faça nenhum ritual de banhos, defumações e oferendas após ter ido ao cemitério ou velório, salvo se você se descarregar depois.
- Não faça nenhum ritual se estiver nervoso, agitado ou se tiver discutido com alguém.
- Procure não fazer nenhum ritual usando roupa preta.
- Sempre que fizer um ritual na praia, rio, mata, cachoeira, cemitério, encruzilhada etc. em primeiro lugar saúde as Entidades que ali residem. Peça licença para realizar o ritual a uma Entidade. Caso não saiba o nome das Entidades que ali residem, saúde-as assim: "Salve povo cigano, salve o cigano Vladimir, salve a cigana Sarita, Salve Umbanda, Salve Povo da Mata, Salve Povo da Rua, Salve Povo do Cemitério, Salve da Praia, Salve os Preto-Velhos etc." (conforme o local da oferenda)

- Sempre que desejar saudar uma Entidade que saiba o nome, use a palavra "Salve" antes do nome da Entidade. Salve Iemanjá, Salve o cigano Ruam, salve a cigana Sâmara, Salve o Preto--Velho Pai João, Salve Cosme e Damião etc.
- Todo tratamento espiritual não exime o paciente em caso de doença que necessite de ajuda médica. Se já está sob tais cuidados deve continuá-los.

Outras publicações

UMBANDA – DEFUMAÇÕES, BANHOS, RITUAIS, TRABALHOS E OFERENDAS

Evandro Mendonça

Rica em detalhes, a obra oferece ao leitor as minúcias da prática dos rituais, dos trabalhos e das oferendas que podem mudar definitivamente a vida de cada um de nós. Oferece também os segredos da defumação, assim como os da prática de banhos. Uma obra fundamental para o umbandista e para qualquer leitor que se interesse pelo universo do sagrado. Um livro necessário e essencialmente sério, escrito com fé, amor e dedicação.

Formato: 16 x 23 cm – 208 páginas
Papel: off set 75 grs

PRETO-VELHO E SEUS ENCANTOS

Evandro Mendonça inspirado pelo Africano São Cipriano

Os Pretos-Velhos têm origens africana, ou seja: nos negros escravos contrabandeados para o Brasil, que são hoje espíritos que compõe as linhas africanas e linhas das almas na Umbanda.

São almas desencarnadas de negros que foram trazidos para o Brasil como escravos, e batizados na igreja católica com um nome brasileiro. Hoje incorporam nos seus médiuns com a intenção de ajudar as almas das pessoas ainda encarnadas na terra.

A obra aqui apresentada oferece ao leitor preces, benzimentos e simpatias que oferecidas aos Pretos-Velhos sempre darão um resultado positivo e satisfatório.

Formato: 16 x 23 – 176 páginas
Papel: off set 75 grs

Outras publicações

EXU E SEUS ASSENTAMENTOS

Evandro Mendonça inspirado pelo Senhor Exu Marabô

Todos nós temos o nosso Exu individual. É ele quem executa as tarefas do nosso Orixá, abrindo e fechando tudo. É uma energia vital que não morre nunca, e ao ser potencializado aqui na Terra com assentamentos (ponto de força), passa a dirigir todos os caminhos de cada um de nós, procurando sempre destrancar e abrir o que estive fechado ou trancado.

Formato: 16 x 23 – 176 páginas
Papel: off set 75 grs

POMBA-GIRA E SEUS ASSENTAMENTOS

Evandro Mendonça inspirado pela Senhora Pomba-Gira Maria Padilha

Pomba-Gira é uma energia poderosa e fortíssima. Atua em tudo e em todos, dia e noite. E as suas sete ponteiras colocadas no assentamento com as pontas para cima representam os sete caminhos da mulher. Juntas às outras ferramentas, ervas, sangue, se potencializam tornando os caminhos mais seguros de êxitos. Hoje é uma das entidades mais cultuadas dentro da religião de Umbanda. Vive na Terra, no meio das mulheres. Tanto que os pedidos e as oferendas das mulheres direcionadas à Pomba-Gira têm um retorno muito rápido, na maioria das vezes com sucesso absoluto.

Formato: 16 x 23 – 176 páginas
Papel: off set 75 grs

EXU, POMBA-GIRA E SEUS AXÉS

Evandro Mendonça inspirado pelo Sr. Exu Marabô e pela Sra. Pomba-Gira Maria Padilha

A obra apresenta as liberações dos axés de Exus e de Pombas-Giras de modo surpreendente, condensado e extremamente útil. É um trabalho direcionado a qualquer pessoa que se interesse pelo universo apresentado, no entanto, é de extrema importância àquelas pessoas que tenham interesse em evoluir em suas residências, em seus terreiros, nas suas vidas.

E o que são esses axés? "Axé" é força, luz, poder espiritual, (tudo o que está relacionado com a sagrada religião), objetos, pontos cantados e riscados, limpezas espirituais etc. São os poderes ligados às Entidades.

Formato: 16 x 23 – 176 páginas
Papel: off set 75 grs

A MAGIA DE SÃO COSME E SÃO DAMIÃO

Evandro Mendonça

Algumas lendas, histórias e relatos contam que São Cosme e São Damião passavam dias e noites dedicados a cura tanto de pessoas como animais sem nada cobrar, por esse motivo foram sincretizados como "santos dos pobres" e também considerados padroeiros dos médicos.

Não esquecendo também seu irmão mais novo chamado Doúm, que junto fez parte de todas as suas trajetórias

A obra oferece ao leitor algumas preces, simpatias, crenças, banhos e muitas outras curiosidades de São Cosme e São Damião.

Formato: 14 x 21 cm – 136 páginas
Papel: off set 75 grs

Outras publicações

ILÊ AXÉ UMBANDA

Evandro Mendonça ditado pelo Caboclo Ogum da Lua

Filhos de Umbanda e meus irmãos em espíritos, como o tempo e o espaço são curtos, vou tentar resumir um pouco de cada assunto dos vários que eu gostaria muito de falar, independentemente da religião de cada um. Não são palavras bonitas e talvez nem bem colocadas na ordem certa desta descrita, mas são palavras verdadeiras, que esse humilde Caboclo, portador de muita luz, gostaria de deixar para todos vocês, que estão nesse plano em busca da perfeição do espírito, refletirem.

Formato: 16 x 23 – 136 páginas
Papel: off set 75 grs

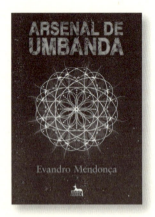

ARSENAL DE UMBANDA

Evandro Mendonça

O livro "Arsenal da Umbanda" e outros livros inspirados pelo médium Evandro Mendonça e seus mentores, visa resgatar a Umbanda no seu princípio básico, que é ligar o homem aos planos superiores. Atos saudáveis como o de acender uma vela ao santo de sua devoção, tomar um banho de descarga, levar um patuá para um Preto-Velho, benzer-se, estão sendo esquecidos nos dias de hoje, pois enquanto uns querem ensinar assuntos complexos, outros só querem saber de festas e notoriedade.

Umbanda é sabedoria, religião, ciência, luz emanada do alto, amor incondicional, crença na Divindade Maior. Umbanda é a própria vida.

Formato: 16 x 23 cm – 208 páginas
Papel: off set 75 grs

ORIXÁS – SEGURANÇAS, DEFESAS E FIRMEZAS

Evandro Mendonça

Caro leitor, esta é mais uma obra que tem apenas o humilde intuito de somar a nossa Religião Africana. Espero com ela poder compartilhar com meus irmãos e simpatizantes africanistas um pouco mais daquilo que vi, aprendi e escutei dos mais antigos Babalorixás, Yalorixás e Babalaôs, principalmente do meu Babalorixá Miguel da Oyá Bomí. São ensinamentos simples, antigos, porém repletos de fundamento e eficácia na Religião Africana; alguns até mesmo já esquecidos e não mais praticados nos terreiros devido ao modernismo dos novos Babalorixás e Yalorixás e suas vontades de mostrar luxúrias, coisas bonitas e fartas para impressionar os olhos alheios.

Formato: 16 x 23 cm – 192 páginas
Papel: off set 75 grs

O GUARDIÃO DOS MARES – A FORÇA DE UMA ADAGA

Amanda Paulino Batista – **Pelo espírito** *Pedro*

Neste livro, Pedro conta sua história onde, desde menino, decide assumir os riscos da vida de pirata na procura de se encontrar e viver uma falsa vida de prazeres.

Mas a realidade vivida é bem diferente do que suas expectativas e mesmo depois de conhecer melhor e entender alguns aspectos de sua vida, ele volta a tomar decisões equivocadas e caminhar pelo caminho que lhe parece mais fácil, caminho este que lhe traz consequências difíceis de ser enfrentadas. Entretanto, ele passa a compreender melhor a lei divina, e a partir desta compreensão, sua atuação junto a lei garante que ele repare o mal que foi feito, passando a compreender melhor o seu destino.

Formato: 16 x 23 – 136 páginas
Papel: off set 75 grs

Dúvidas, sugestões e esclarecimentos
E-mail: evandrorosul@bol.com.br

Distribuição exclusiva

www.aquarolibooks.com.br